あの世に聞いた、
この世の仕組み

雲 黒斎

SB
サンマーク
文庫

あの世に聞いた、この世の仕組み◉目次

校正：株式会社ぷれす
編集：武田伊智朗＋佐藤理恵（サンマーク出版）

プロローグ

二〇〇四年四月某日。その日、僕は生まれて初めて心療内科の門を叩《たた》きました。

徐々に自分の記憶が消えていく……。

何かおかしいと感じてはいたものの、なんだかんだと理由をつけては、ずいぶん長い間その症状を放置しつづけていました。

その結果、病院を訪れるころには、昨日のことを思い出すことすら困難になるほど、僕の思考能力は低下していたのです。

その日、先生から告げられた診断結果は、思いもよらないものでした。

「セロトニン欠乏による記憶障害ですね。うつ症状の一種です。だいぶストレスをためていたのではないですか？　いまの状況ですと、少し強めのお薬での治療が必要になりますね。慣れるまでは過酷な副作用が現れると思いますので、仕事は一か月ほど休んでもらう必要があります」

たしかに日々ストレスは抱えていました。でもまさか、この僕がうつ病だなんて……。まして、そんなに深刻な状態になっていたとは……。

僕の仕事は広告制作。肩書きはクリエイティブ・プランナー。長期の休みをとることに不安を覚えながらも、考えることが生業《なりわい》である以上、否《いや》が応でも休まざるをえない状況でした。

翌日、自分の身に起きている状況を上司に報告し、進行中の業務の引き継ぎを早々とすませ、間近に迫ったゴールデンウイークを皮切りに計三週間の休業をいただくことになりました。

お休みに入り、いよいよ例のお薬の服用を開始すると……。

「オ……、オェェェェェ……！」

せ、先生……。たしかにこの薬はキツイです……。

車酔いをバージョンアップしたような吐き気とモヤモヤ。頭蓋骨《ずがい》を素通りして、直接脳をなでられるような頭の違和感。睡眠薬を服用したかのような強烈な眠気……。

なるほど、先生のおっしゃるとおりです。これじゃあ仕事になりません。

自分の脳が、他の誰かの意思でかき回されているような、何ともつらい闘病生活の始まりでした。

まさか、こんな出来事が発端で、自分の守護霊とコンタクトがとれるようになってしまうとは……。

第1章

ファースト・コンタクト

「こんなタイトルの本を書いておきながら」と、おかしく思われるかもしれませんが、僕は元来、心霊現象やオカルトには興味も関心もありませんでした。

どちらかというと、幼いころから怖いものは大の苦手で、テレビの心霊写真特集やホラー・スプラッター映画なんかはもってのほか。『13日の金曜日』すら見たことがありません。

宗教にもまったくの無関心。もちろん、お墓参りや初詣《はつもう》でぐらいは行きましたが、お経の意味も、布教活動に励む外国人の話も、右の耳から入って左の耳から出ていく程度。

当時の僕は、宜保《ぎぼ》愛子さんもサイババも、なんだかうさん臭いな〜って感じてて、大槻義彦教授や松尾貴史さんに近い価値観だったかもしれません。

妻が楽しそうに見ているテレビの心霊特集や、いわゆる「スピリチュアル系」などとくくられる番組も、一緒に楽しむことはできませんでした。

たしかにブラウン管の向こうにいる霊能者たちは不思議な感じはあるけれ

ど、何とも信じがたい。

いくら妻が「この人はすごい！　本物だよ！」とエキサイトしていても、「ごめん、先寝るわ～」という日々。このころはまだ「スピリチュアル」という言葉さえも知らないほど縁遠い世界でした。

そんな僕が、ある日、何の根拠もきっかけもなく、なぜかスピリチュアル系の本を購入してしまいました。

「はて、なんでだろう？」

とくに誰かにすすめられたわけでもなく、もともと興味のない世界の本。自分でも、どうしてお金を出してまで読みたくなったのかがわからない。

自分のこの変化は、病気によるものなのか。それとも、薬の影響？　はたまた自分の病状に、いよいよ心が弱気になっているのかも……。

いろいろな思いがめぐっていましたが、実はこの不可解な行動のすべてが僕の守護霊の誘導だったなどとは、このときは知る余地もありませんでした。

――あなたがこの本を手にしたのは、決して偶然ではありません。まさにこの瞬間、ガイドスピリットがあなたに手を差し伸べようとしているのです――

そのとき僕が手にした本は、そんな感じの導入で始まっていました。

「……。うさん臭せ～」

精神世界の書籍を初めて手にした僕には、いささか抵抗感を覚えてしまうプロローグ。

読み進めてみると、ナニナニ？

守護霊……、瞑想《めいそう》……、パワーストーン……。

「うわ～、何これ。マジかよ……」

そこに綴《つづ》られていた内容は、非科学的で根拠も曖昧《あいまい》。一通り目を通してみたものの「まあ、たしかにこんな考え方ができたら人生楽かもねぇ」って感じで終わってしまいました。

ふだんの僕なら、そのような本は本棚の奥へ仕舞い込んでしまっていたことでしょう。それなのに、なぜかこのときの僕は、その本を繰り返し繰り返し読み返してしまうのです。

三週間のお休みも終わり、仕事に復帰した僕の鞄《かばん》の中には、毎日この本が入っていました。昼休みや移動時間など、ちょっとした暇があると、ついついその本に目を通している……。そんな、自分でも何とも煮え切らない行動を数日間続けていました。

そして、ある日の昼休み。

そのころの僕は、長期のお休みをとっていた後ろめたさもあり、できるだけ会社のメンバーと顔を合わせなくてすむ、会社を出てちょっと距離のある公園でひっそりと昼食をとっていました。

おにぎりをかじりながら、また、その本に目を通そうとしていると、頭の中に**《自分のものではない思考》**が入ってくるのです。

おまえの記憶はどこにあると思う？

「ん、いまの何？」

おまえの記憶はどこにあると思う？

「えっ？　どこって……。脳……、だよね？」

違うなぁ。

「えぇ？　違うの？？？」

違うよ。

「じゃ、じゃあ、どこに……？」

魂に。


ちょっ、チョット待った！

え？　えぇ？　意味わかんない……。何これ!?

自分で言うのもなんですが、仕事柄、想像力は豊かなほうだと思います。だからこそ、自分の頭の中で行われているやり取りが、「自分でつくっている想像上のやり取り」なのではないかと思えるのです。

ましてや抗うつ薬を服用し、心療内科に通院中の身。

僕の頭の中に入ってくる、僕のものではない（と思われる）思考。これはいったい何？

これって、やっぱり僕の幻聴？　かなり混乱していました。

あははは。だいぶ、まいっているようだね。

「そ、そうですね……」

さて、話を続けよう。自分の記憶は、消えてしまったと思うかい？

「う～ん……。わからないけど、なくなったとは思いたくないです。できれば、思い出したい」

大丈夫だよ。おまえの記憶は、魂が全部書き留めているから。

「あの……。意味がよくわからないのですが……」

臓器移植を受けた人間が、ドナーの記憶をもつことがあるという話を聞いたこと、あるだろ。

「あ、はい。あります」

臓器は脳ではないよね。では、なぜこの人間はドナーの記憶があるのか？

「たしかに理解しがたい不思議な出来事ですよね」

記憶が魂にあるとすれば、ありえなくはない、と思わないか？

「へ？」

臓器に宿っている魂に記憶があるから、移植を受けた人間がドナーの記憶にアクセスできたんだよ。いいことを教えてあげよう。脳はおまえが思っているような「ハードディスク（記録メディア）」的なものじゃないんだ。どちらかというと「チューナー（受信機）」に近いんだよ。

「！」

いまたいていの人は、魂の存在をあまりよく理解できていない。だから、多くの医者や科学者なども記憶は脳に蓄積されていると思っている。

もう一つ、違う例を出そう。臨死体験をした人間が、死ぬと思った瞬間に「過去の記憶が走馬灯のようにフラッシュバックされた」と伝えているね。これは、魂が肉体から離れ、魂本来の記憶にアクセスしやすくなった証拠なんだよ。魂には、自分が忘れてしまった、または消えてしまったと思える記憶もすべて残っているんだ。

「そ、そういうもんなんですか？」

さて、私はいま、おまえの想像を超えた情報を伝えている。これは、おまえの想像上の産物かな？

「う～ん。どうなんだろう……」

僕のものではない思考とのコミュニケーションを始めて数分。僕は、あることに気づきました。

僕、この信じがたい状況を、なぜだか自然に受け入れちゃっているんです。そして、そのままさらにコミュニケーションを進めてしまいます。

「あの……。いまさらながら、確認したいんですけど」

何？

「この流れでいくと、きっとあれですよね……。あなたは、その～、僕の守護霊？」

ザッツ・ライト！

「これは何？　いったい何が起こったの？　あっ！　もしかしてもしかしたら、この本の影響かっ!?」

いや、そういうことじゃない。どちらかといえば薬の影響だね。まぁ、たしかにその本に誘導したのは私だよ。だからほら、いまの状況が受け入れやすくなっただろ？（笑）

「薬の影響？　薬で、何が起こったの？」

チューニングが変わったんだよ。

「え？」

さっきさ、脳は「チューナー（受信機）」に近いって話したよね。おまえの脳は、いま薬の影響でチューニングがこれまでとちょっと違っているんだ。意識の周波数がね、現世のチャンネルから、少しだけ魂側のチャンネルに移動したんだよ。

？？？

「ごめん、ちょっと待った。なんかよくわかんない」

う〜ん。まだうまくコンタクトがとれないね。私のことも、若干怪訝《けげん》に思っているようだし。……どうする？　私とのコンタクトはこのまま続けたいかい？

「う～ん、続けたぃ……です」

とはいえこのままでは、コミュニケーションに時間がかかって大変だね。

どうだろう、まずはもう少し勉強してみないか？

「えー、勉強？　なんか、ちょっと大変そうだなぁ……」

まずは、本屋へ行こう。

「え？　本屋？？？　勉強の第一歩が本って、ずいぶん現世的な方法ですね

……」

だっておまえは現世にいるんだから、そのほうが話が早いじゃないか。それに、そのほうが私もサポートしやすい。

この、守護霊の「サポートしやすい」というニュアンスも、そのときはどういうことなのかよく把握できなかったのですが、本屋へ到着すると同時にその意味がわかりました。

なじみの薄い精神世界コーナーで無数に並ぶ難しそうな本の数々。それに加えてオカルトチックなタイトルの行列。

その中でも、自分が手にすべき（守護霊が教えたい）本がどれなのか、直感的にわかるのです。

本を手に取り、「これ？」と聞くと、「それ」と答えるという簡単なやり取り。

たしかにこれならサポートしやすいだろうね。……っつーか、なんか、すごく手抜きっぽくない？

手抜きなもんか。私は、これまでだってずっと話しかけていたんだぞ。私の声を聞かずにいたのはおまえだよ。受け取る側のスキルがなければ、それなりの方法をとるしかないじゃないか。

何だろう。なんかよくわかんないけど正論っぽい……。

そうして僕は、この「守護霊とのやり取り」という好奇心に負け、約一年半の間、神学・宗教学・哲学・スピリチュアリズム・降霊記録・臨死体験記録・心理学・脳科学など、一般の方々がちょっと引いてしまいそうな本を大量に読みあさることになったのです。

徐々に我が家の本棚を侵食していく大量の「神様本」&「霊界本」。

そのレベルの高まりに比例して成長する、妻の「心配だわオーラ」。

このときの僕を見つめる妻は、きっと「あぁ、あなたはやっぱり病人なのね……。心が弱くなっているのね……。へんな宗教に引っかからなきゃいいけど……」とハラハラしていたことでしょう。

読書中の専門書を無造作に置いておくと、「こういう本は人様（客人）にはお見せしたくないのでリビングやトイレに置きっぱなしにしないでください！」と怒られたこともしばしば。

そうだよねぇ。普通、そうだよねぇ……。

そんな妻の気持ちとは裏腹に、日々、別世界の存在を確信していく僕。ホントに気持ち悪かったでしょうねぇ。

わずか一年半足らずで、僕の知識は、心霊特集好きの奥様を軽く超えていました。

なんせ、本を読んでいる最中、「ここに書いていることはなかなか真実に近いぞ」とか、「ここの記述は間違っているな。正しくはこういうことだ」とか、「これに補足するとだな……」などと、いちいちコーチしてくれる目に見えない家庭教師つきの勉強ですからねぇ。吸収も早いですよ。

とはいいつつも、やっぱり精神世界関連の本というのはどうにも難しいものばかり。大量の専門用語に、抽象的な言い回し。わかりづらいったらありゃしない。

「あーもう！　こんな本、誰が読みたくなるんだろうねぇ。手に取ったとしても家庭教師なしで、ちゃんと理解できるのかなぁ」

ふだんから仕事において「いかにコミュニケーションを円滑にし、わかりやすく伝達するか」を重視している僕にとっては、そのわかりづらさが、ちょっとしたフラストレーションだったのです。

じゃあ、いままで覚えたことを、おまえがわかりやすく伝えればいいじゃん。

「はぁ？　僕に本をつくれとでも？」

そうだなぁ……。ブログはどう？

「う〜ん。奥さんも『これ以上怪しい人にならないで!』って言ってるし……。どうしよう」

おまえは、人と違う特別な能力をもっているとでも思っているのかい? 勘違いするなよ、これはそういうことじゃない。それに、勉強の第二ステップは、仲間がいたほうが成長が早いよ。

さらに付け加えるとね、これから数年にわたってガイド(守護霊)とコンタクトがとれるようになる人間が急増するんだ。

「ええっ? 増えるの?」

うん。増えるよ。いや、いままさに増えつづけているといったほうが正しいかな。

おまえだって自分に何が起きたかわからなくて戸惑っただろ。あのとき、もっとわかりやすい情報があったら、こんなふうに困らずにすんだと思わないか。そういう意味でも、おまえが情報を発信することは、少なからず仲間の手助けになるはずなんだ。

想像してごらんよ。おまえと同じような経験をして戸惑っている人がいることを。価値観や世界観が変わっても、それを誰とも共有できず、おまえと同じように歯がゆい思いをしている仲間がどこかにいることを。インターネットを通じてなら、そんな仲間を見つけることだって可能なはずだよ。

どうだ？　やってみないか？

「いやぁ、そんなふうに言われてもなぁ。どうしよう……」

それからさらに時は過ぎ……二〇〇六年六月二十三日（金曜日）。

結局僕は、この本のもととなるブログ、「あの世に聞いた、この世の仕組み」を立ち上げてしまいました。

※そういったわけでございまして、この本は、これまで僕のブログで綴《つづ》ってきたあれこれを一部抜粋、加筆、再編集してお送りするものでございますです。はい。

みたいな感じで「よぉーーーっ！」って。

で、よくよくそのＴシャツを見てみますと、胸元にデカデカと24時間テレビのロゴマークが入っているんですね。

何だろう……この微妙なファッション……って思ってた矢先、おっさんがひと言。

(￣ー￣)ノ” 「愛は地球を救うのだ」

……ですって。

そんなおっさんが、僕の守護霊さんらしいです。

「初対面」

守護霊さんが、僕の前にその姿を見せてくれたのは、2006 年の7月だったか、8月だったか……。ブログを始めてから数か月後のことです。

それ以前はインスピレーションだけでのやり取りだったので、初めてその姿を見たときのショックは、結構大きなものでした。

その姿がビジュアルとして浮かび上がったということにびっくりしたのはもちろんですが、正直、だいぶ想像と違っていたんです……。

「守護霊」って、なんかこう…ステキなイメージをもっていたんですね。
威厳がありそうだったり、神々しさがあったりとかね……。

それがまぁ、実際にはめちゃめちゃ変わった印象だったんです。

ぱっと見のイメージとしましては、「関西ノリの猫ひろし」。「にゃー！」って感じの小柄なおじさんで、ルックスは、そう……柄本明さん似かな。

そんなおっさんがね、黄色いＴシャツを着て、満面の笑みをたたえて手を振っているんです。数年ぶりに再会した親戚《しんせき》のおじさん

第2章

バカ正直な宇宙

さて、そんなこんながありまして、いよいよ守護霊さんとの絆《きずな》を深めようと、あれこれ勉強しはじめるわけですが、まず最初に教えられたことは、僕の世界観が大きく変わる、とても興味深いものでした。

「ねぇ守護霊さん、僕はまず何から始めたらいいんだろう？」

その質問に答える前に、一つ確認しておきたい。

「何でしょう？」

おまえはいま、何を望んでいるのかな？

「いや、だから、守護霊さんともっと円滑にコミュニケーションをとりたいんですよ」

残念ながら、その考え方では道のりは遠いなぁ。

「え……、遠いんですか……」

考え方の問題だけなんだけどね。望みを叶《かな》えるには、ちょっとしたコツがあるんだよ。

「コツって?」

世界は、神のつくった法則上でしか動かない。でも、これを逆にとらえれば(この法則がきちんと理解できていれば)、現実がどのようにつくられているのかがわかるってことなんだ。これをうまく利用すれば、ある程度現実をコントロールできるようになる。

「マジ!? 続きをお願いします！」

まず第一に、「この世」は「あの世」の一部だ。「この世」「あの世」と言葉は分かれ、まるで別物のように思われているけど、本当はこの二つを隔てる境界線はない。密接に関係して成り立つ一つのモノでね。「社会」という大きな枠組みの中に「会社」があるように、「あの世」という枠組みの中の「この世」なんだ。

「ふむふむ」

でね、「この世」の法則は、基本的には「あの世」の法則と同じなんだ。

「その法則って？」

自分の思いそのものが、自分の現実をつくるという法則。

ここから、少しややこしくなるから、注意して聞きなさい。

おまえが何かを考えると、宇宙がその考えをそのまま反映し、現実をつくり出す。これは地球でたとえるなら「万有引力」などと同じ自然法則だと思うといい。その自覚があろうがなかろうが関係ない。宇宙は、おまえの思考をもとにおまえの現実を与えている。これが基本法則だ。


「ごめん、いまの話は全然理解できない。だって、現に僕の目の前にある現実は、僕の望みどおりになんてなっていないもの」


だから、それはおまえの望み方に問題があるんだよ。

いま私が話した内容を正しく解釈すれば、「望めば望むほど夢は逃げていってしまう」ということに気づくはずだ。

夢や希望は追い求めてはいけない。引き寄せるんだよ。

「？？？　ごめん。ますます意味がわからない」

まったく、しょうがねぇなぁ……。

もう一度説明するから注意して聞いてくれよ。

おまえが何かを考えると、宇宙がその考えをそのまま反映し、現実をつくり出す。

この「そのまま」というのがポイントなんだ。宇宙はバカ正直なんだよ。機転が利かない。だから、おまえの思考そのままをつくり上げようとする。

おまえは、「守護霊さんともっと円滑にコミュニケーションをとりたい」と言った。だから宇宙は「守護霊さんともっと円滑にコミュニケーションをとりたい状況」をそのままつくっている。

わかるかい？　「もっと円滑にコミュニケーションをとりたい」という言葉の裏には「いま私はうまくコミュニケーションがとれていない」という意味が含まれている。だから「うまくコミュニケーションがとれない現実」がそのまま、できあがっているんだよ。

「！！！　ああ！　そういう意味ですか！」

な、おもしろいだろう？　人間は欲をかくと失敗する。その理由はここにあるんだ。

この仕組みを、私はどれだけおまえに見せてきたことだろう。それなのに、なかなか気づいてくれなくてね。一つ例を出そうか。

たとえば、ギャンブル。一時期かなりはまっていたよな。かなり痛い目にあったはずだ。

ここまで言えばもうわかるね？

「……たしかに、欲を出すほど負けていました。お金に余裕のあるときほど勝ちやすいし……」

そう、お金に余裕があるときは「私には余裕がある」と思っている。だから「お金に余裕がある状態」が続きやすい。逆に「もっとお金が欲しい」と思っていると、思いを強めるほど「もっとお金が欲しい状態」に拍車がかかり、どんどん緊迫した現実をつくり上げてしまうんだ。

そうだな、「金持ち」や「貧乏」をキーワードにしてみると、もっと顕著だと思わないか？

「金持ちは、自分が金持ちだと思っている。だからお金に困らない現実がそこにある。自分を貧乏だと思っている人は、お金を稼ぐのは大変なことだと思っている。だから、必死にならなければ生活できない現実になってしまう……」

そのとおり！

「なるほどー！」

もう一つ別な例を出そう。そうだ、仕事の視点で話してみようか。おまえが「仕事が楽しい」と感じているとき、宇宙は「楽しい仕事」をもってくる。逆に「会社に行きたくない」と思っているとき、宇宙は「トラブル」や「ストレス」を運んでくる。

だから月曜日の「あぁ、また今日から会社かぁ」と考える癖は改めたほうがいいな。

「う……」

もう一つ例を出そうか。

「い、いえ……、もう結構です！

……あれ？　ちょっと待って。望めば望むほど夢は逃げていくって……。

それじゃあ、望みはどうやって叶えればいいの？」

だから最初に言ったじゃないか。「追い求める」のではなく「引き寄せる」のだと。

「やっぱりその意味がよくわからないんだよなぁ」

そんなに難しく考えるなよ。頭を柔らかくしてシンプルに考えよう。

いいかい？　宇宙はおまえの考えをそのまま実現する。だから、その法則を逆手にとって「僕はいま、守護霊とコミュニケーションがとれている」と思えばいいってことさ。

ただし、これは心から思っていなければ効果はないよ。自分に嘘《うそ》はつけないからね。

宇宙は「僕はいま、守護霊とコミュニケーションがとれている（と思おうとしている）」という思考に対しては「思おうとしている現実」しか与えてくれない。

「う〜ん。やっぱり難しいよ。だって僕はいままさに、〝うまくコミュニケーションできていない〟と思っているんだもの。それこそ自分に嘘はつけないよ」

では、ここで最初の質問に戻ろう。おまえは「僕は何から始めたらいいんだろう？」と尋ねた。その答えは、「私の存在を心の底から認め、感じること」だ。

そして、いつも私の声に耳を傾けていなさい。はじめは自分の想像だと思っていてもいい。心の中で私との会話を楽しみなさい。そうすることで、徐々に「私の声」と「自分の思考」の違いがわかるようになるだろう。

もう少しアドバイスしてあげよう。日々おまえが感じているインスピレーション（ひらめき）や突拍子もない思いつきは、その大半が私の声だ。

また、何かをしようと思っていたが「ちょっと待てよ？　この方法もあるぞ」など、おまえの心の中で複数の道筋が見えているときは、そのうちのどれかが私の声だ。

もちろん気づいていなかったと思うが、これまでも、ちゃんと私の声をキャッチできているときもあるんだよ。ただ、それに従っていたかどうかは別問題だがね……。

「了解！　まずは、あなたを信じることからスタートですね！」

一つ付け加えておこう。いま話したことは、あくまで現象界においての話なんだ。おまえが漠然と感じているとおり、真実の世界は別なところにある。おまえがいま見ている現実はすべて幻想なんだ。

ああ、言わなくてもわかっているよ。「僕が見ている現実がすべて幻想だなんて言われても、そんなことは信じられない」、そう思っているだろう。無理もないよ、ずっと幻想世界しか見ていなかったんだからね。

むしろこうして私とコミュニケーションをとっていることのほうこそ幻覚のように感じられるだろう。いままでおまえが毛嫌いしていた「非科学的で、証明しようもない世界の話」だからね（笑）。

その気持ちもわからんでもないが、もう少しだけ勉強につきあってくれ。そのほうが、私の存在も認めやすくなると思うから。

それに勉強には、もう一つの大切な意味がある。「努力」は「自分を信じる力」になるんだ。「欲」を「目標」に変換することで、自分に嘘をつかずに夢へ近づくことができるようになる。

わかるかい？　「〇〇が欲しい」という欲望は「〇〇が足りない現実」をつくってしまう。

一方、「〇〇に近づいている」という自信・確信は「〇〇が近づく現実」

を引き寄せることにつながるんだ。

夢は追い求めてはいけない。引き寄せなさい。

……。

さあ、いかがでしたか？

「現実ができ上がるまでの仕組み」と「夢の引き寄せ方」。ちょっとややこしいテーマからスタートしてしまいましたが、ご理解いただけましたでしょうか？

そして、どう感じられたでしょう。

共感も、反発もあると思いますが……。

このお話、現実に起こったことだと思いますか？

それとも、やっぱり「僕の想像上の物語」なのでしょうか……？

※なんやかんや言いましても、「守護霊の声に耳を傾ける前に、私の話を聞きなさい！」と日々妻に叱《しか》られているのが、目の前にある現実でございます（汗）。

与え合えば、求め合う必要はない。

誰かに「愛を求める」なんて、「愛」を「愛」と知らずにいる大バカ者のすることだ。

ギブ・アンド・テイクも、結局は「取引」でしかない。

相手に何かを望んでいるうちは本当の愛とは呼べない。読んで字のごとく、どこかに「下心」があるうちは、「恋」なんだ。

「求める愛」など存在しない。「愛」とは、あくまで与えるものだ。

「妻は、もっと僕のことを愛するべきだ」などと考えているかぎり、おまえは愛が何であるかを、見失ったままとなるだろう。

「守護霊的恋愛論」

以前、僕と妻との関係がギクシャクしていたときのこと。

その居心地の悪さを、どこか妻のせいにしてしまうような、そんな自分がいました。

「妻は、もっと僕のことを愛するべきだ」

自分の不甲斐《がい》なさは棚に上げ、心の奥底に、そんな思いがありました。

そのとき僕は、守護霊さんからこんなお叱りを受けたんです。

……。

求め合うのが「恋」。与え合うのが「愛」。

相手に何かを望むのは「恋」。何も望まないのが「愛」。

愛と恋はまったくの別物、似て非なるものだ。

愛を望めば、愛が足りない現実ができる。だから、恋は儚《はかな》い。

愛は、相手に何も求めない。自分から与えるのみ。だから、永遠。

まわりを愛することができる人間は、まわりから愛される。

もっと自分を愛してくれと渇望している人間は、ますます嫌厭《けんえん》される。

愛されることを望むなら、自分から愛することだ。

第3章

魂の訓練所

みなさんはご自分のオーラや、人のオーラを見たいと思いますか?

ここ最近、「スピリチュアル」とあわせてよく目にするようになった、この「オーラ」。

赤は「情熱」、黄色は「ひょうきん」、青は「冷静」などなど、すっかりメジャーになってきましたが、でも、ちょっと待った! それを知っていても、結局見えていないでしょ? (見えていたらゴメン)

そう、僕も見えていません……。

だから、あのオーラの色の知識、知っていても役立てる機会がないのです……。

本屋さんの「精神世界コーナー」には、オーラを見るためのレッスン本なんてのもいろいろありましてね。実は僕、何冊か買っているんですよ、この手の本も。

そんな本によると、このオーラってやつは、訓練次第で見えるようになるらしいんです。

でね、例のお薬を飲んでいたときはうっすら見えていた気がするんですよ。電車に乗り合わせた幼稚園児の集団がキラキラと輝いて見えていたときがあるんです。

だから、僕にもきっとそんな才能もあるんじゃないかと思いましてね、その後せっせと勉強してみたんですけど……。

やっぱり見えないの。どうやっても見えないの（その手の本三冊も買ったのに……）。

で、しょうがないから聞いてみたんですよ。そう、守護霊さんに。

「ねぇ、守護霊さん。オーラってどうやったら見えるようになるの？」そう聞いたらね、

見てどうするの？

なんて言うんですよ。チェッ。

その人のことを洞察したいのなら、オーラを見るより目を見るほうが簡単だぞ。昔から「目は口ほどにものを言う」と言うだろう？「話をするときは人の目を見ろ」と教えられただろう？

「まあ、そうだけどさ」

「目は口ほどにものを言う」と言われるだけあって、理由はちゃんとあるんだぞ。人は何度転生しても、瞳《ひとみ》だけは変わらない。男に生まれようが、女に生まれようが、白人だろうが黒人だろうが、瞳の輝きは前世を引き継ぐ。瞳の輝きは人間の魂を映し出すんだ。

「ちょっと待って！　その話、おもしろそうじゃないの！」

と、いうわけで、次のテーマは「オーラ」……ではなく、「生まれ変わり」「生命」のお話です。

「転生？　人はやっぱり死んだぁと生まれ変わるの？」

そうだよ。そりゃもう、何度も何度も。ただ、この生まれ変わりのことを説明するのは難しくてね。おまえがそのまま他の誰かに生まれ変わるってことではないんだ。どう説明すれば伝わるかなぁ。本当はね、この世にはおまえしか存在していないんだよ。

「はぁ？」

おまえはいま、「自分」と「自分以外」があると思っているだろう？

「そりゃそうでしょう！」

そこが勘違いなんだよ。

究極的にはおまえしかいない。世界のすべてはおまえ、おまえなんだ。

「？？？　もうさっぱり意味がわかりません……」

あの世に来ればわかるよ。あの世には、おまえがたくさんいるんだ。だから、かく言う私も、おまえだよ。

「え？　守護霊さんが？　僕なの……？」

そう、ある次元では、私はおまえと一つの同じものなんだよ。だから私は片時も離れずおまえを見守っている。自分にかかわることだからね。おまえの気づきは、そのまま私の自覚となる。

私がおまえであるということがどういうことか説明してあげよう。私はおまえの前世の一つだ。私が生まれ変わっておまえになった。だから、おまえは私であり、私はおまえなんだ。

そして、注目すべき点はここから。私はおまえに生まれ変わった。しかしながら、私の個性は失われてはいない。私は私で、このとおり別次元に存在している。これが生まれ変わりの複雑なところなんだ。大丈夫かい？　まだ話についてこられるか？

「正直よくわかんないけど、話を続けてください」

よし。じゃあこういうたとえで説明をしてみよう。

まず、「あの世」にはおまえの魂の大本（大きな自分）がある。これを「黒い粘土」だとしよう。

この黒い粘土の目標は、自分の魂を漂白し「白い粘土」になること。

ただし、あの世で魂の漂白の作業を行うのはとても大変なことなんだ。魂は、あの世にいるより、この世にいたほうが漂白の効率がいいんだよ。

本当は一気に漂白したいところなんだが、あの世にはこの「漂白したがっている黒い粘土」がたくさんいてね、順番待ちが起きているんだ。私だけが「じゃあ、お先に！」ってわけにはいかなくてね。

「この世」は物質界であるがゆえに、生まれることができる魂に限りが出てしまうんだよ。

そこで、「あの世」にいる黒い粘土は、自分の一つまみ（小さな自分）だけをこの世に送るんだ。

この一つまみの粘土の使命は、その生涯をかけてできるだけ自分を漂白すること。

そして、その粘土がその役目を終えると、あの世の大きな粘土のもとへ帰ってくる。そうすることで大きな粘土はやっと「黒」から「グレー」になることができる。

そして、この作業（転生）を延々と繰り返し、大きな粘土はどんどん白くなっていくんだよ。

わかるかな。だから、私はおまえであり、おまえは私なんだ。私はもっと白くなりたい。だから私は、おまえが黒いままであの世に帰ってくることがないよう、こちら側の次元でしっかり応援しなければならない。これが守護霊の役割であり存在理由なんだ。

どう？　人間が転生をする理由は理解できたかい？

「う〜ん、何となくはね。でも、一つ疑問が……。魂の故郷（大きい自分）が真っ白になったあとはどうなるの？」

「大きい自分」は、そのまた上の「さらに大きな自分」へと帰っていくんだよ。だから、私にも守護霊がついている。とはいえ、そこにはもう「パーソナリティ」はないんだけどね。

「ええっ!? 守護霊をサポートする守護霊がいるの?」

そうだよ。前に誰にでも守護はあると教えたつもりでいたが。不思議なことかい?

「いや、不思議というか、そんなこと考えたこともなかった……」

話をちょっと戻そう。おまえにはこれからも、しっかり漂白してもらわなきゃならないんだ。まだまだグレーだから……。

「なんだか大変そうだね。責任重大みたいだし」

いやぁ、そんなに気負うことはない。おまえがその気になってくれさえすれば、あの世からの応援を受け取ることができるからね。心を開いて、受け

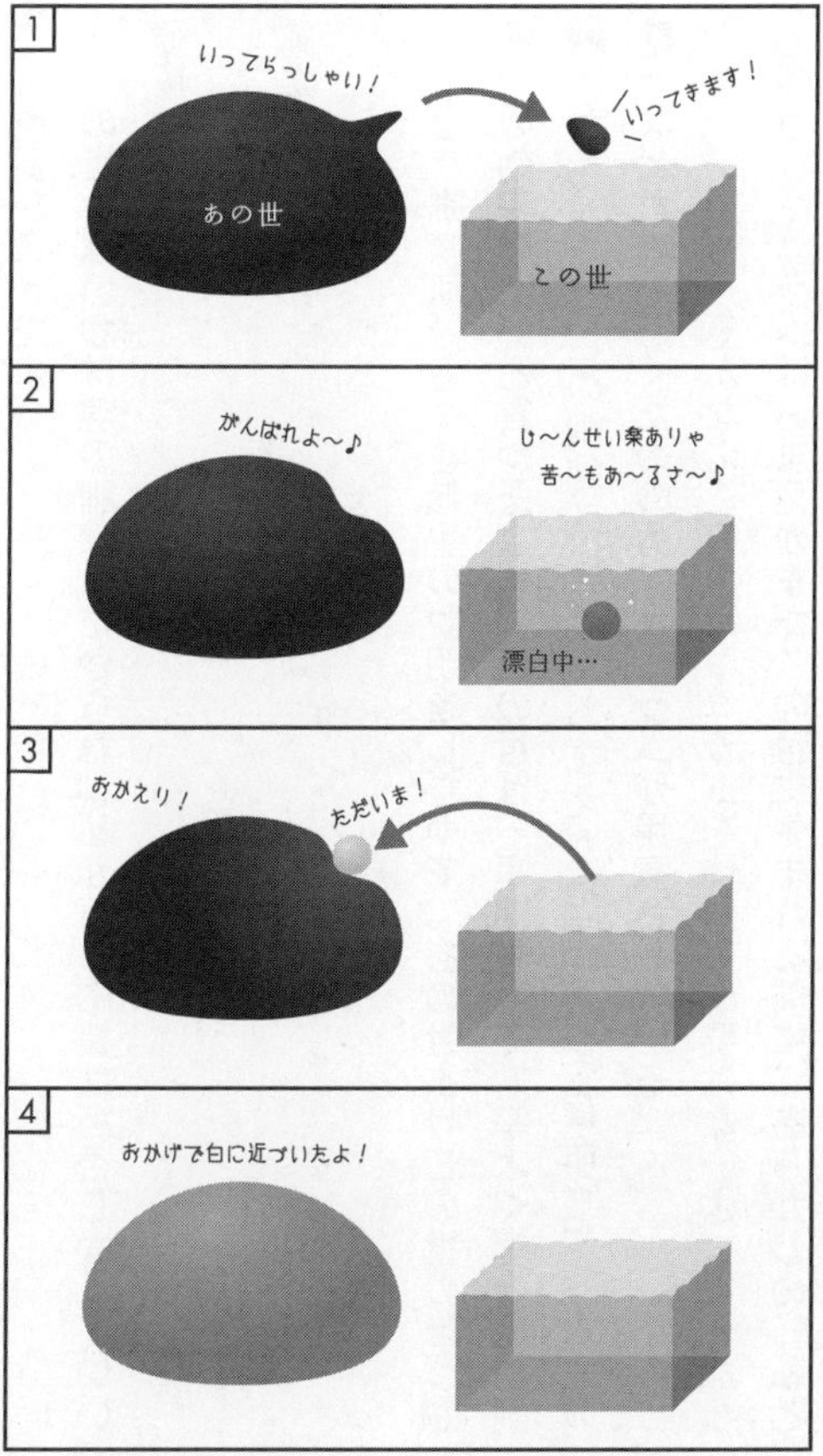
1
いってらっしゃい！
いってきます！
あの世
この世
2
がんばれよ〜♪
じ〜んせい楽ありゃ
苦〜もあ〜るさ〜♪
漂白中…
3
おかえり！
ただいま！
4
おかげで白に近づいたよ！

取り上手になりなさい。「心を開く」、これは「この世」を生きるうえで、とても重要なことだよ。

「この世」はいわば魂の訓練所だからね。私からの応援は拒否しなくていい。遠慮はなしだ。

「魂の訓練所？」

そう、訓練所。さっき転生の説明をした中で、あの世よりこの世のほうが漂白の効率がいいと言ったよね。この世は、短期集中で効率よく魂を磨く訓練所なんだよ。この訓練所には、「おまえが抱えている宿命」や「人生の壁」など、魂を磨くためのカリキュラムが用意されている。

あっ、でも、そんなにこのカリキュラムを怖がる必要はないよ。なぜなら、このカリキュラムはおまえがまだこの世に生まれる前に、あらかじめ、私と一緒に（自分で）決めた目標なんだ。だから、基本的に自分で乗り越えられない壁はないと思っていい。それに、「宿命」はあらかじめあの世で決めているが、「運命」はこの世で変えることができる。

これからもいろいろな方法でアドバイスしていくよ。「この世の仕組み」が理解できれば、歯をくいしばって試練に耐える必要はなくなる。魂の漂白は楽しくこなしていこうじゃないか！

それと、もう一つ。私が最初に「瞳」の話をした種明かしをしよう。瞳の輝きはその人間の漂白状態をさらけ出してしまう。だから、自分の人生に自信のある者の瞳は澄み渡り、しっかりとした眼差《まなざ》しでいられる。逆に、自信のない者の瞳は澱《よど》み、他人と目を合わせられない（自分の魂が見透かされることを潜在意識の中では気づいているんだ）。

自分の成長を確認したいときは鏡を見なさい。自分の瞳はいま輝いているか？　と自問しなさい。

いまのおまえは何かとすぐに目が泳ぐ。自分に自信をもてないからだ。自分自身を認め、生き方に自信がもてる人間になりなさい。

「はい……、精進します。ところで……」

何？

「ちょっと話を戻して、話の冒頭にあった〝本当はすべてが僕〟って話がやっぱりわからないんです。どう考えても僕は僕だし、僕以外は僕以外だし」

うん。じゃあ聞くけどね。おまえはどこからどこまでが「自分」だと思っている？

「え？」

だからさ、おまえが「僕」って言うときの、「僕」と「僕以外」の間にある境界線だよ。自他を分けているボーダーはどこにある？

「境界線かぁ……。そう言われると、ちゃんと考えたことはないなぁ……」

仮にね、一本の木を思い浮かべてみなよ。その木は、どこからどこまでが「木」なのかな。「木」と「木以外」を分ける境界線はどこにあるのかな。

おまえの何倍もの大きさで雄大にそびえ立つ、そんな大きな木も、時を、ず〜っとず〜っとさかのぼると、たった一粒の小さな「種」だったはずだ。『となりのトトロ』のワンシーンじゃあるまいし、ある晩突然「にょきにょき〜っ!」って現れたなんてことは考えられないよね。

種が土に埋まり、そこに雨や暖かな日差しが降り注ぎ、やがて「芽」が出る。その「芽」が育ち、「苗」となり、「苗」はさらにスクスクと生長して、「木」になった。

この当たり前なことさえも、よくよく考えると、とても不思議な現象だとは思わないか。

だって、元の種を割り、中をのぞいて見ても、そこには「幹」も「枝」も「葉」もないんだぞ。

もともとなかったモノが、いま「ある」んだ。

「幹」も「枝」も「葉」ももっていなかった小さな種が、いつの間にか、大きな大きな「巨木」に変化を遂げた。でも、その「巨木」が「巨木」になるためには、「種だけ」では、無理だったんだ。

そこに、「土」や「その土を豊かにする微生物」「水」「空気」「日光」などの、「種」以外の要素があったからこそ、「種」は「木」となることができたんだよ。

「種」＋「土」＋「微生物」＋「水」＋「空気」＋「日光」＋「etc.」＝「木」

ほら、こうなるともう、どこからどこまでが「木」として独立しているかわからないだろう。その中の何か一つが欠けても、その木にはなりえないんだよ。

そしてさ、その木についている一枚の葉を考えてごらん。あるときは「木」の一部としてとらえられていた葉も、枝から離れたとたん、人間によって「落ち葉」って名前を変えられるんだ。さらにその「落ち葉」が腐敗すると「腐葉土」と呼ばれる。今度はいつの間にか「植物」から「土」だ。

その名称や定義は、人間が勝手につくり上げたものだろ。「境界線」は、いつだって人間の頭の中、「リアル」ではなく「イマジネーションの世界」の中にしかないんだ。

「境界線」が「境界線」として実在しているわけじゃないんだよ。

「本当だね……」

だろ？「木」を「人間」に置き換えても同じことなんだよ。

おまえの体は何でできている？

「ええと……たしかアミノ酸と、タンパク質と……」

いやいや、私が言いたいのはそういうことじゃないんだよ。いいかい？
おまえの体は、おまえがこれまでに食べたり飲んだりしてきたものでできあがっているんだ。そうだろう？

「ああ！　そういうこと！」

そういうことだよ。
だからね、おまえはどうやって「何か」と切り分けた「自分」を定義できると思っているんだよってことだよ、私が言いたいのは。
できないだろ。「ここからここまでが僕です」だなんて。

たとえば、「自分」と「水」という区分けは、おまえがその水を飲んでしまった時点でわからなくなってしまうじゃないか。だって人間の体の約七〇%は水だもんな。

人体を原子レベルで見てみれば、構成要素は酸素・炭素・水素・窒素・カルシウム・リンなど。そのうち酸素は全体の六割以上となるが、では空気中にある酸素と、人体内の酸素の境界はどこにあるというのだろう。どこからが「空気」でどこまでが「人体」と切り分けられるだろう。肺の中にある酸素は「空気」か「人体」か、血中にある酸素は？

「名前」ってのはな、あくまで「状態」を指し示す記号なんだ。「固定された何か」「独立した何か」なんてもともと存在しないんだよ。すべてはつながっている。たった一つの同じエネルギーが、たえず形・状態を変えて生きつづけているんだ。

「う〜ん……。とはいっても、やっぱり僕が他人とつながっている一つのものとは思えない。もし佐藤さんが僕だと言うなら、僕は自分の手を動かすのと同じように、佐藤さんを動かせることになる。でも、催眠術でもかけないかぎり、僕は佐藤さんのことを思いどおりにコントロールすることなんてできないもん。ほら、やっぱり僕と佐藤さんは別物だよ」

あはははは！

「何がおかしいのさ！」

だっておかしいだろう。「思いどおりにコントロールできないから自分ではない」というのなら、おまえは自分じゃなくなってしまうじゃないか。

「？」

おまえは、自分自身のことを「思いどおりにコントロールできている」とでも思っているのかい？

絵を描《か》こうとしたとき、本当に思いどおりに手が動いているかい？　ダンスを踊ろうとしたとき、本当に思いどおりに体が動いているかい？　体の老化現象を、自分の意志で止めることができるのかい？　呼吸を、血流を、鼓動を、消化を、新陳代謝を、思考を、感情を、常時自分の意志でコントロールしているのかい？

まさかまさか。むしろそのほとんどが無自覚のうちに行われているか、自分の思いどおりにならずに苦しんでいるのがおまえの状況じゃないか。他人のコントロールどころか、自分のコントロールすらできていないのに、「思いどおりにコントロールできないから、僕じゃない」という理屈は成り立たないだろ。

「……で、でもさ、やっぱり〝自分〟を自覚する〝主観〟が確実にあるよ。

視覚・聴覚・味覚・嗅覚《きゅうかく》・触覚、これだけの数だけ〝僕〟と〝僕以外〟の存在をシッカリ感じる要素があるのだから……」

その「主観」こそが錯覚の始まりなんだよ。五感で感じられるものがすべてじゃない。人間の認識能力は実に不完全なものなんだ。

さて、どうやって説明しようかな……。よし、黒斎。説明してあげるから風呂に入ろう。

「え？　風呂？」

いいからいいから。さぁ、湯船につかって。

……よし。じゃあ湯船の中から、手の指先だけを出してくれ。

多くの人間は、「自分」に対して「Aさん」「Bさん」という「自分以外」の人や物が独立して存在していると思っている。たとえるなら、「自分」は

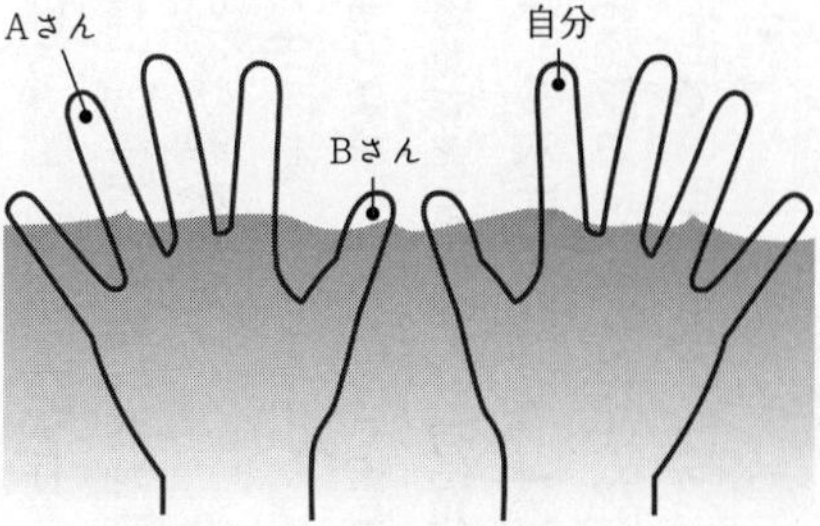
Aさん
自分
Bさん

右手人差し指で、「Aさん」は左手薬指で、「Bさん」は左手の親指、といったぐあい。

もともとは「人体」という、一つの大きな存在であるにもかかわらず、「右手人差し指」「左手薬指」「左手の親指」が独立して（切り離されて）存在していると勘違いしている状態なんだ。

なぜそういった勘違いが生まれてしまっているかというと、認識能力の限界によって、それぞれの「つながり」をとらえることができていないから。

「水上」が人間の五感で認識できる領域（三次元・現象界）で、「水中」がその認識能力を超えた領域（多次元世界）だ。本当はつながりをもっているにもかかわらず、自分の認識能力において水中がどうなっているかを把握できない状態では、水の外に出ている「指先」は、まるで独立して存在しているかのように感じてしまう。

そこから生まれた「認識できない＝つながりがない」というこの考えが間

違いの発端になっている。

「私という独立した存在がある（自我）」ということの錯覚・思い込みは、仏教では『有身見《うしんけん》』という言葉で説明されていてね、煩悩の一つなんだ。

この「自」と「他」を分離する壁がなくなる状態、つまり、自我が消えた状態のことを『無我《むが》』と言う。「無我」は、読んで字のごとく「我が無い」という意味だが、それは「存在が消滅する」ということではない。

「自他を分ける壁がなくなり、あらゆる存在と一つとなり〝私〟という独立した概念がなくなる」ということなんだ。「存在」は「存在」としてありつづける。

「世界には、たくさんの命がある」という勘違い・思い込みは、人間が長きにわたりはまっている呪縛《じゅばく》だ。多くの人間は、鈴木さんの命、佐藤さんの命、犬の命、虫の命、植物の命……そうやって、無数の命が存在していると思っている。

でも本当はそうじゃない。おまえの体の細胞が、日々変化しつづけているのと同じことだよ。伸びた爪《つめ》を切っても、命はなくならない。髪を切っても、「あぁ、自分が死んだ！」とはならないだろ。髪を切っても、おまえはおまえとして生きつづけている。髪の命、爪の命、内臓の命、心臓の命、脳の命、と分かれて存在しているわけじゃない。爪を生かしているのも、髪を生かしているのも、内臓を生かしているのも、心臓を生かしているのも、脳を生かしているのも、たった一つの同じ命だ。

それと同じように、おまえを動かしているのも、佐藤さんを動かしているのも、鈴木さんを動かしているのも、動植物を動かしているのも、地球を動かしているのも、太陽を動かしているのも、壮大な宇宙全体を動かしているのも、同じ命だ！

命はたった一つしかないんだよ。そして、その命、生命そのものが、おまえの本来の姿なんだ。自分が、自分の命を所有しているわけじゃない。命が、自分なんだよ。

だから、おまえを生きている命と、私を生きている命は、一つの同じもの。

私が「私はおまえだよ」だとか、「すべてがおまえだよ」って言うのは、そういうことなんだ。

←ってな感じで書いていたんです。

でも、ブログを書き進めているうちに心境の変化がありましてね。
守護霊らしからぬムードを漂わせる守護霊さんを、そのまま「守護霊さん」って言いつづけるのもなんだし、かといって僕が守護霊さんに新たな名前をつけるっていうのも微妙だし……ということで、ある日を境に、「雲 黒斎」というハンドルネームを２つに分け、「雲」が守護霊さんで、「黒斎」が僕ってことになりました。

そんなこんなで、以降、「守護霊さん」は「雲さん」という表記となります。

「ハンドルネームの秘密」

実は、ブログを始める前は、違うハンドルネームを使うつもりだったんです。

その名は「天野ジャック」。

当時、アメリカのドラマ『24-TWENTY FOUR-』が人気だったんですね。

そこから主人公の「ジャック」という名前を拝借しようかと考えていました（いや、おもしろいかどうかはさておき）。

でも、この「天野ジャック」、残念ながら画数が悪かったんです（小さなことを気にするタイプです）。

その後、紆《う》余《よ》曲折がありまして、「うさん臭い」→「ウンコクサイ」→「雲 黒斎」に落ち着きました（画数が抜群によかったんです……笑）。

ブログを書きはじめた当初は、雲 黒斎と、その守護霊さん（僕との区別を明確にするため、セリフの前に☆印をつけていました）、という感じで進めていました。

(￣д￣)「ねぇ守護霊さん」

☆「なに?」

第4章

この世ツアーズ

僕が守護霊さん（以後、雲さん）とある程度コンタクトがとれるようになってから、何度かしてきた質問の一つに、「人はなぜ生まれ、なぜ死ぬのか」というものがありました。

「訓練所」だとか、「魂を漂白するため」と説明されても、その意味がいまいちつかめないというか、納得できなかったんです。その説明を受けたあとも、ではなぜその「訓練所」に入る必要があったのか、自分が漂白すべき「黒い部分」が何であるのかなど、次から次に新たな疑問がわくのです。

雲さんは、そんな疑問を投げかけるたびに、繰り返しいろいろな答え方をしてくれるのですが、最初は理解できないことがほとんどでした。

なぜなら、最初のうちは、どんな質問をしても、こんな感じで返されることがほとんどだったから。

「人はなぜ生まれ、なぜ死ぬのか」だって？　答えようのない変な質問はやめてくれよ（笑）。

もともとおまえは生まれてなんていない。だから、死ぬこともない。そこに「なぜ生まれるのか、なぜ死ぬのか」なんて尋ねられても、答えられるものじゃないだろ。

みたいな感じでね。「質問や疑問の持ち方そのものが変だ」と否定されていたんです。

ついこないだまで「転生」だとか「あの世に来ればわかるよ」なんて話をしていたにもかかわらず「生まれていない」とか「死なない」と言われても、どうにも理解できませんでした。

そうするとまた、

「転生」っていうのは、いまおまえが考えているような意味じゃないんだよ。
「あの世」は、「死後の世界」ってことじゃない。生と死を分ける境界線も
また「幻想」なんだよ。

なんて感じで説明されるんですけどね、それはそれでよけいわけがわからなくなっちゃうんです。そんな僕を見かねてか、雲さんは答え方を変え、こんなお話をしてくれたんです。

「う～ん。本当は生まれてなんていないんだけどなぁ。まだこの意味が通じないか……。しょうがない。じゃあ、とりあえず最初は「人は生まれ死ぬものだ」というおまえの価値観に合わせて説明してあげよう。ただし、これからするたとえ話は、おまえが「生まれてもいないし、死にもしない」ということが理解できるときまでの、話のレベルを下げたたとえ話、方便だからな。

その先があることを忘れないでいてくれよ。

「うん。わかった」

よし、じゃあまずはこういうたとえでいこう。人生は「旅行」みたいなものだよ。

「旅行？」

そう。「あの世」から「この世」に観光に来たんだ。

〜機内アナウンス〜

「アテンションプリーズ。アテンションプリーズ。本日は、マザー・エアラインズをご利用いただき、誠にありがとうございます。ご搭乗いただきましたこの便は、現象界・産婦人科国際空港行きＭＡＬ49（子宮）便でございます。離陸後、出生までの飛行時間は十《と》月《つき》十《とう》日《か》を予定しております。これより先、若干の揺れが予想されます。みな様の安全のため、へその緒をご確認ください。揺れによりご気分が悪くなられましたら、客室乗務員へお申しつけください。当機自らが身代わりとなり、〝つわり〟として対応させていただきます。また、当機のフライト時間は長時間となります。エコノミークラス症候群回避のため、途中、適度な運動（胎動）をお願いいたします。それでは到着まで、ごゆっくりおくつろぎください」

おまえは、そうやって生まれてきた。出生児の産声は、「あぁ、やっと着いた～！　は～、ずっと飛行機の中で座りっぱなしだったから体痛て～」という心の叫びだよ。

「あははは、うまいなぁ！」

到着後はレンタカーを使った完全フリープランだ。私とともに出発前に計画した観光地をめぐる。

「レンタカー?」

ああ。その体だよ。おまえはその体を借りたことすら忘れているだろうからね。だからほら、今日はそのとき契約したレンタカー屋の営業さんをお連れした。

「えぇ!?」

黒斎様、お久しぶりでございます。私、アノヨ・レンタリース営業部・カスタマーサービスセンターの轟 連太郎でございます!

「はぁ???」

え? やっぱり私のことをお忘れですか……。黒斎様がこちら(この世)

へのご旅行へ出発なさる際、そのレンタカー（体）の契約時にお会いしていたじゃありませんか。

やっぱり、思い出せませんか？　そうですか……。

風の噂《うわさ》で、この世のみな様は、あの世で行った「貸渡契約内容」をすっかりお忘れになっているという話を聞いておりましたが……。いやはや、まさか、本当の話だったとは……。

それでは、ちょっとこの場をお借りして、あのときの契約内容を、再度ご説明させていただきますね。

私どもアノヨ・レンタリースでは、この世へご旅行される方を対象とした「車両貸出事業」を行っております。

みな様にご利用いただく車両につきましては、ご旅行プランをヒアリングし、その計画に沿った「完全オリジナル」の車両をご用意させていただくことになっております。

ご利用期間は、お客様のご希望に合わせて契約させていただいております。

このご利用期間のことを、この世のみな様は「寿命」とお呼びのようですね。

お車は、ご利用の最終期日になりますと、そのまま廃車になるようあらかじめプログラムされています。廃車になる要因は、故障や事故など、事前にヒアリングさせていただいたお客様のご要望に合わせてプログラムしております。

当社の施したドライバーセーフシステムの安全性は抜群です！　どのようなシチュエーションで廃車になったとしても、ドライバー（魂）が「死ぬ」なんてことは絶対にございません！

最終最後まで、どうぞ安心してドライブをお楽しみください。

また、ご利用期間が終了し、廃車になった際は、当社スタッフがみな様をお迎えに参りますので、あの世へお帰りの際も安心です。

ただし、スタッフがお迎えにうかがうのは、あらかじめご契約させていただいている「ご指定の場所・日時」限定です。万が一、お客様が「自損事故」で当初の旅行プランより早く車を失ったとしても、当社ではお迎えを出せません。あの世に帰ってこられなくなったとしても、当社では一切責任を負いませんので、あらかじめご承知おきください。

貸し出しする車両の台数は、お一人様一台限定とさせていただいております。ご旅行中の途中乗り換えはできませんのでご了承ください。

また、ご旅行中の修理やメンテナンス、車検、また、事故が起こった場合の処理につきましても、お客様の自己責任で行っていただきます。ご旅行中に大きな故障が現れたとしても、代替車はご用意できませんので、どうぞ大切にご利用ください。ただし、お客様のご希望により、一部のパーツにあらかじめ「故障タイマー」を設置させていただいている場合もございます。

契約書のサインは、黒斎様のお名前でいただいております。万が一、ご契約者様以外のドライバーが運転していた場合に事故が起きたとしても、その責任は、ご契約者様にあるものとなります。ですから、不用意に運転席を他の誰かに預けないようご注意ください。と、言いますのも……。最近、あの世に帰ってきていない、行方不明のドライバーが数多くいるんです……。

車を失っても、この世にとどまっているようでして。きっと、旅行に満足いってなかったんでしょうね～。私も以前、ご利用期間を終了したお客様をお迎えに行ったことがあるんですけどね、拒否されたことがあるんですよ。「帰りたくない」なんておっしゃるんです。

そのときね、私言ったんですよ。「いやいや、ご旅行に心残りがあるのはわかりますが、お車がないと不便でしょう？　いったんあの世に帰ってから、もう一度レンタカーを借りませんか？　なんでしたら、私が新たな契約を担当しますよ」って。私、なかなかの営業上手でしょう（笑）。

でもね、そのときのお客様、頑《かたく》なに拒否するんですよ。

あのお客様は、いまごろどうしておられるのか……。

あ、もしその方に会ったらお伝えください。「ご旅行に心残りがあるのはわかりますが、お車がないと不便でしょう？　いったんあの世に帰ってから、もう一度レンタカーを借りませんか？　なんでしたら、私が新たな契約を担当しますよ」って、アノヨ・レンタリースの轟が言ってましたよ、と。

あぁ、ごめんなさい！　なんだか私一人でしゃべりっぱなしになっちゃってましたね（笑）。

「あ、あの……雲さん……これはいったい……？」

アノヨ・レンタリース営業部、カスタマーサービスセンターの轟さんだ。まぁ、そんなこんなでな。おまえはいま、レンタカーフリープランで観光中ってことだ。せっかく旅行に来たんだ。思いっきり楽しもうや！

「た、楽しもうって……」

一口に「車」っていっても、いろいろな「車種」があるよな。軽、RV、ワンボックス、スポーツセダン、プレミアムワゴン、レーシングカー、他には、ブルドーザーとか、トラクターとか、特殊車両もたくさん……。どんな車種にも、個性・得意不得意があるだろ？ 人間は、あの世で描いた「ドライブプラン」に合わせてレンタルする車を決めるんだ。

いまは忘れてしまっているけどな、人間はみな、その旅行プランがあるからこそ、コンセプトに合わせた車（体）を借りてきているんだ。

軽快に駆け抜ける爽快感《そうかい》を求めて、「GT-R」を選んだ人がいる。冒険を求めて、「ランドクルーザー」を選んだ人がいる。セレブリティな走りを求めて、「レクサス」を選んだ人がいる。

あの人はひょっとしたら、「トラクターで世界を回るんだ！」なんていう、ユーモアのある冒険に挑んでいるのかもしれない。

「う～ん。私には何の取り柄もないし……軽自動車だったのかなぁ……」なんて言っているようなあの娘は、町並みを楽しむために、小回りの利く「アルト」を選んだのかもしれない。それなら大型車では走りづらい細い路地だって、スイスイ軽快に走れるんだからな。

個性も特性も人それぞれ。どれがよくてどれが悪いとかいう話じゃない。自分の個性に合わせた道のりを選び、車に適した走り方をすれば、ドライブは快適になる。

でも、自分に不向きな道のりを走るなら、それなりのドライビングテクニックや、オプションパーツの取り付け、カスタムが必要になる。

雪道を走るのなら、タイヤをスタッドレスに交換しなければ事故の確率が高まる。軽自動車でラリーに出場したら、ちょっとの傷ではすまないかもしれない。

でも、自分のオリジナルカスタムに自信があれば、やってできないこともない。優勝はできないかもしれないけど、自分のペースで走れば完走はできるかも。

自分の「車種」は何か？　オプションパーツはついているか？　特別なカスタムは施しているか？　適した道はどこか？　どんな走り方が向いているのか？　これから向かいたい道の路面状況は？

そんな感じで考えてみると、これからの人生がスムーズになるかもしれないな。

「なるほど……。じゃあさ、僕を車にたとえると、車種は何？」

そうだな……。ま、ブログで使っているハンドルネームのとおりだろうさ。

「ハンドルネーム？
ハンドルネームは〝雲黒斎〟……。ウンコクサイ……、ってまさか……」

バキュームカー。

「な、なぜゆえ？」

おまえの仕事は何だっけ？

「仕事？　仕事は……プランナーだけど……、それが何か？」

おまえの仕事は、クライアントの意向を「汲《く》み取って」なんぼ、じゃないか。

「……」

まぁ、あんまり車にばかり気をとられないようにな。レンタカーを借りた目的はあくまで「ドライブ」「観光」だ。

世の中を見回してみると、観光目的をすっかり忘れて「レンタカー」の外見・性能・機能にコンプレックスをもってる人がいたり、オプション取り付けやカスタムすることに必死になってる人がいたり……。

「車」に目が向いている人ほど、全然「ドライブ」や「観光」を楽しめていない。車にばかり気をとられてしまうと、旅行が終わり、あの世に帰ってから、「おいおい！　俺は何のために旅行に行ってたんだよ!?」ってことになっちゃうからさ。

仮にだよ、おまえがこれからフランスに旅行に行くとしたらどんな計画を立てる？

「そうだなぁ……ルーヴル美術館も行きたいし、ヴェルサイユ宮殿も見たい。モンサンミッシェルは世界遺産だから、やっぱり外せないでしょう。ニースやモナコの町並みもゆっくり楽しみたいし、ロワールの古城めぐりも捨てがたい……。

あ、せっかく行くんだから、本場のエスカルゴとかブイヤベースとか鶏のワイン煮とか、おいしいものもたくさん食べたいね。あ、モンサンミッシェルに行くんだったらオムレツも忘れずに食べなきゃ！　あとは、そうだなぁ……」

な、そういうふうに計画するだろう？　せっかくの旅行だからね、「滞在中は、ずっとホテルに引きこもっていようね♪」ってことにはならないんだよ。この世に生まれる前から、旅行計画は万全なんだ。

どんなに自分の価値観において最悪の状況に見えることも、本当は当初から予定していた「観光地」の一つ。「失恋峠」とか「借金谷」とか、そんな感じ。切ない風景や、スリリングな気持ちも存分に味わえる……。そうそう！　そういえばさ、おまえにも『デジャヴ』の経験があるだろ？

「え？　デジャヴって、『あれ、これ前に見たことがあるような……』っていうアレ？」

うんうん、そのデジャヴ。デジャヴはね、旅行出発前に見た、「旅行ガイド」の映像なんだ。

「！！　あはは！　そう言われると、嘘《うそ》だとしても妙に納得できるわ（笑）」

さて、そういう感じで自分の人生を振り返ってみるとどうだろう。観光を楽しんできたと言えるかい？

「う～ん。そう言われると耳が痛いな……」

目の前にある景色を楽しむことなく、まだ見ぬ理想の目的地ばかりに意識が向いていたからね。

「たしかに目の前にある景色を楽しんできたとは言いがたいけどさ……、でも、理想の目的地を意識すること（将来に夢や希望、理想を抱くこと）はよいことなんじゃないの？」

それが的を射たものであればね。でも、おまえの態度は単なる「現状否定」になってしまっている。いま目の前にあるものを受け入れたくない気持ちが強いから、いまとは異なる環境を求めているだけなんだよ。おまえに「旅行そのものを楽しもう」という気持ちがない以上、どこに行っても、何を手にしても、楽しむことなんてできやしない。ただただ先を急いだって何も変わりゃしないよ。

たとえばね、ルーヴル美術館に行ったとして、「うわー！　すっげー感動〜〜〜！！」ってうれし涙を流すのか、それとも「あ〜あ、つまんねぇ。名画っていっても所詮《しょせん》こんなもんなの？　わざわざ遠くから大変な思いしてここまで来たのに……」って、ふてくされているのかは、結局自分の「受け取り方」次第じゃないか。

旅行中の「自分の目線」を、壮大なもの、美しいもの、歴史を感じさせるもの、また、そういった場所や、人々との温かい交流などに向けてめぐっていれば、旅の思い出はポジティブなモノになるだろう。きっと、「いや〜！

フランスって、やっぱりステキなところだったよ！」という印象を刻むことができる。でも、その視点を街中に落ちているゴミ、治安の悪さ、騒々しさ、また、そういった場所や、犯罪者との遭遇など、ネガティブなものばかりに向けてしまっていると、せっかくの旅行も全然楽しめず、「最悪～。行かなきゃよかった……」なんてことになる。

人生もこれと同じだ。新たな環境や状況がおまえを幸せにしてくれるわけじゃない。

おまえは大きな勘違いをしている。おまえのもっている「目的地思考」は、「いま足りない何か（状況や環境・物・人間関係・才能など）を得ることによって、きっといまより幸せになる（よくなる）であろう」という考え方だ。

意欲的に見えるが、その考え方では、単に幸せを先延ばしにしてしまうことになる。

「いま幸せであること」を選ぶのではなく、「何かが叶《かな》った暁に幸せになろう」と、自ら「おあずけ状態」に入ってしまうんだよ。

本当は幸せを望んでいるにもかかわらず、「ああなったら」「こうなったら」と理由・条件をつけては幸せを先延ばしにしているんだ。いいかい、本当の順序はね、「幸運な状況になったから幸せになる」ではなくて、「幸せでいるから幸運な状況になる」なんだ。

おまえが抱く目的地思考の土台となっているのは、「～が足りない」「～がない」という現状を否定する思いだ。人生につまずくたび、おまえが陥っていたトラップの一つがまさにこれなんだよ。

「いまの僕には〇〇が足りない」「△△がない」「□□できない」

心の奥底には、この言葉につながる「だから、私は幸せになれない」という思いがあるんだ。

たとえば、最近のおまえに多いのは「僕には、才能が足りない」という思い癖。

最後まで言葉にしなくても、この言葉の先には「だから、いい会社に入れない」「だから、給料が上がらない」「だから、楽しくない」＝『だから、幸せになれない』という思いがある。

そういう「思い癖」があるから、「いい会社に入れない・給料が上がらない・楽しくない・幸せになれない」現実が生まれてしまうんだ。

そして、そういう現実ができ上がってからしばらくすると、今度は「このままじゃダメだ！」という思いが浮かんでくる。

この時点では、「ダメ」なことには気づけたが、「ダメだ！」って思いっきり宣言しちゃっているからな、「ダメな現実」はダメなままだ。

そこでまたおまえの頭には「ダメなのは何かが足りないからだ、だから、足りないモノを手に入れればいいんだ」という思考が生まれ、結局振り出しに戻る。思い癖の無限ループだ。

この癖がありつづけるかぎり、いくら改善された現実を手に入れても、幸せになることなく「まだ足りない、もっと必要だ」って同じことを繰り返してしまう。

たとえ給料が上がってても「ちぇ、上がったっていってもこの程度かよ。まだまだ足りない」なんてことになる。実際にそうだろ？

「じゃあ、その繰り返しから抜け出すにはどうすれば？」

前にも話しただろ。「夢や希望は追い求めると逃げる」って。だから、「あれがあれば……」「こうなれば……」という『足し算的な思考』はやめにして、『引き算的思考』に切り替えるんだね。

「引き算的思考？　何を引くの？」

だ・か・ら！　おまえ自身がいつも無意識のうちに唱えている「～が足りない」とか「ダメだ！」という呪文《じゅもん》、思い癖だよ。

本当は「足りない」なんてことはないし、ダメでもない。人生を楽しむための環境は、いつだって完璧《かんぺき》に整っているんだよ。それなのに、それを受け入れることなく、別な何かを探し出すのがおまえの癖なんだ。

自分の思考や言動を慎重に監視してみなよ。日常生活において、どれだけ頭の中で現状を否定し、受け入れまいとするフレーズが繰り返されていることか。

大切なのは、「足りないモノ」を追い求めることより、「いらないモノ」を捨てること。

ずっと握りしめていた「いらないモノ」を手放すことで、初めて両手が自由になるんだ。そこで初めて新たなモノをつかめる。手に入れることが先じゃない。すべては手放すことから始まるんだ。

もうそう【妄想】

1. 根拠もなくあれこれと想像すること。また、その想像。
2. とらわれの心によって、真実でないものを真実であると誤って考えること。
3. 根拠のないありえない内容であるにもかかわらず確信をもち、事実や論理によって訂正することができない主観的な信念。

(￣ー￣)「おまえはまさにいま、その3つに力を注いでいる。わかるかい？　おまえの頭に『むだ毛』が3本。だからQ太郎なんだ。『きれいな私』を手に入れるために必要なのは『脱妄（脱毛）』だよ。むだ毛を処理してみなさい。『私』という字から、『むだ毛』を3本取ってごらん。『仏』になるから」

Σ(￣Д￣；)！

「Q太郎」

あ゛～。喉《のど》が痛い。鼻水が出る。体がだるい。寒気がする……。風邪だ……。

～～～～～～～(；＿＿)Oﾊﾟﾀﾝ…　「キュ～～～…」

(￣Д￣)ノ"　「おい!　そこのQ太郎」

ヾ(｀⌒´メ)ノ「誰がQ太郎だよ、人が苦しんでるときに！」

(￣Д￣)「だって、いま時『バタンキュ～』とか言ってんだもん。からかいたくもなるさ。風邪なんか気合いで治せ。まぁ、最近のおまえは自分を変えようと〝変に〟もがいてたから疲れたんだろうよ。頑張り方が違うんだな。だから疲れる」

(￣д￣;)「頑張り方が違うとは？」

(￣Д￣)「順序が違う。おまえに今必要なのは、『何か』を得ることではなく、『妄想』を手放すことだ。『妄想』の意味を調べてごらん」

＼＿ヾ(￣д￣)　カタカタ……。「はい。ネット辞書で調べてみました」

第5章

思い癖

さて、もう少し「思い癖」の話を続けてみよう。

前に話した「～が足りない」「～がない」「～ない」という言葉に共通する思考は『不満』だ。読んで字のごとく、「満たされていない」という思い。

本当は「満たされている状態」を望んでいるわけだから、「満たされていない」という思いは、いらないいんだよ。

わかるかい？　心が「すねちゃってる」んだ。ひねくれて、素直じゃないの。

たとえば……。

「私は、誰にも愛されない」という思い癖をもったAさんがいたとする。

ある日のこと、不幸そうな顔をしているAさんを見て、Bさんがやさしく声をかけてくれた。

それなのにAさんは、このとき「私は誰にも愛されない」という思い癖があるために、Bさんのやさしさを素直に受け取ることができないいんだ。

Aさんは「私は、誰にも愛されない。だから、そんな私にやさしくするB

さんには何か下心があるに決まっているんだ」と勝手な妄想を膨らませ、Bさんのやさしさを（無意識のうちに）拒否したがってしまう。そして、その思いがそのまま行動や態度に現れてしまうんだ。

そんなAさんの態度を見て、Bさんは怒ってしまう。

「なにさ！　せっかくやさしくしてあげたのに！」

そしてAさんは、（望まずして）また「誰にも愛されない現実」を継続させてしまった。

思い癖があるかぎり、（幸せやチャンスを手に入れられたときでさえ）まわりの状況がゆがんで見えてしまうんだ。だから、バッドループにはまっているときは、夢を実現することよりも、そんな思い癖を除去することを優先させなければ、いつまでたっても満たされることはない。

繰り返しになるが、幸せな出来事のおかげで思い癖がなくなるのではなく、思い癖がなくなるからこそ、幸せに気づけるんだ。

「なるほど……僕はAさんタイプだ……」

いまの話で、他に気づいたことはあるかい？

「え？」

実はね、Bさんもまた、Aさん同様、自分の思い癖のせいで自ら不幸を招いていたんだ。

「え？　そうなの？」

うん。Bさんの思い癖は、「人に親切にされたら、お礼するべき」という思い癖でね。

Bさんは、（Aさんに依頼されたわけではなく）自らの意思でAさんに接した。人に親切な行いを施すのは、当然よいことではあるんだけど、Bさんは A さんに対し「お礼」や「ありがとういう言葉」などの見返りを（無意識に）求めているんだ。

Bさんは自分の思い癖によって、「私はAさんに親切にしてあげた。だから、感謝されてしかるべき」という「勘違い」をしてしまったんだ。Bさんの心の根っこには「私に対する感謝が足りない（もっと感謝されたい）」という「不満」「思い癖」がある。やさしさの裏に、自分でも気づいていない「取引条件」をもっていたんだ。

Bさんの「なにさ！　せっかくやさしくしてあげたのに！」という気持ち・態度がその証拠。だからこそ、Bさんは「Aさんから感謝してもらえない」という現実を生んでいたんだ。

「へ〜！」

さて、再度AさんとBさんの関係を振り返ってみよう。
このシチュエーションの中で見える両者の特徴は、

Aさん＝「受け取り下手」

Bさん＝「与え下手」

でね、このシチュエーションだけを見ると、このAさんとBさんは一見「正反対」の性格のように見えるんだけど、実は「似たもの同士」なんだ。

「？？？」

説明しよう。
Aさんは、「受け取り下手」。何事も「素直に受け取れない」思い癖の持ち主だ。だから自分から誰かに何かを与えるシチュエーションになると、「きっと、相手は素直に受け取ってくれないだろう」という、『自分の物差しによる脳内シミュレーション』を行ってしまう。

ストレートなコミュニケーションが適している場合においても、「きっと、相手は素直に受け取ってくれないだろう」という『思い癖』で『変化球型の与え方』を行いがちなんだ。

だから、「受け取り下手」のAさんは、裏返せば「与え下手」ということなんだ。

今度は、Bさんを見てみよう。

Bさんの特徴は「与え下手」だったね。無意識に「何らかの見返りを求める」という思い癖の持ち主だ。（無意識の中に）『相手もまた、見返りを求めているはず』という思考回路がある。

だから、自分が受け取るシチュエーションになると、「もらう」という行為が、「借り」という解釈になりがちでね。「もらったから、何かお返しをしなければならない」となってしまう。

素直に「受け取るだけ」ってことができていないから、「与え下手」なBさんは、「受け取り下手」でもある。

だから二人は、結局のところ「似たもの同士」でね、この出来事の中で、お互いが自分の思い癖を映し出す鏡の役割を担っているんだ。


「なるほど。〝類は友を呼ぶ〟っていうのは本当なんだね」


もう少しこの話を続けよう。

Aさんは、本当は「愛されたい」と思っている。

でも実際には「私は誰にも愛されない、愛されるはずがない」という思い込みがあるがゆえ、「愛してほしい」という気持ちを素直に表現することができないんだ。

いつもその気持ちをぐっと抑え「私は、誰からも愛されていないの」というネガティブなゆがみをもった『被害者意識』で表現してしまう。

「不幸な私のことなんか、ほっといて」なんていうすねた空気を出してみたりして。

そうすることで、Bさんは「ほっとけないよ！」と、やさしくしてくれた。

と、いうことはだよ、ある意味Aさんの望み（愛されたいという思い）は叶《かな》ったことになる。

でも、Aさんはそのやさしさを素直に受け取らなかった。

その理由は、さっき話した「このやさしさには、きっと何か裏があるはずだ」という思い込みなんだけど、実はもう一つ、もっと大きな理由があるんだ。

何だと思う？

「う〜ん……何だろう……」

実はね、Aさんはやさしくされたからこそ、「すねた姿勢」のままでいるということなんだ。

「え？　何で？？？」

ちょっと矛盾しているように見えるけどね、「すねていたら、やさしい声をかけてもらえた」というこの一件を通して、Aさんは『新しい思い癖』を身につけてしまったんだ。

「そうかそうか、すねていると、やさしくしてもらえるんだな」って勘違いしてしまった。

で、本当はやさしくしてほしいもんだから、事あるごとに「すねる」ようになる。

まぁ、この方法でも、最初のうちは望みは叶うかもしれないけどね、そのうち誰からも相手にされなくなってしまうことは容易に想像できるよね。だって、どんなにやさしくしても、ずっと「すねて」いるんだから。で、だんだんみんなが自分から離れていくのを見ても、「すねていると、やさしくしてもらえる」という思い癖をもっているから、Aさんは「もっとすねる」という行動をとってしまうんだ。

あからさまに荒れてみたり、自暴自棄になってみたり。ネガティブな表現をエスカレートさせることで、周囲の関心をひこうとする。「こんなにかわいそうな私を見て！」って。

思考の根っこには、「愛されない」という不満があるから、いよいよバッドループから抜け出せなくなってしまう。

「……」

でね、そんなこんなで事態が悪化し、いよいよ人生が真っ暗闇《くらやみ》になると……。

「なると？」

「あれ？　もしかして自分のしてきたことって間違ってた？　私は、被害者じゃなくて、加害者?」って、ようやく気づくことができるんだ。

「あ、あのぅ……雲さん?」

何?

「お話の間ずっと感じていたんですけど……やっぱりこの〝Aさん〟って、僕のことですよね……」

そうだよ。そうやって自分で自分を苦しめつづけて、あげく病気になったおまえの話だ。

「やっぱり(涙)」

よかったな。気づけて。

「うん……（泣）」

思い癖の内容は人それぞれ違うものなんだけど、人間が抱えている苦悩は、すべてこの仕組みが原因になっているんだ。

誤った思い込みによって自分で壁をつくり、自他を分離してしまう。

よし、この続きは黒斎、自分で話をまとめてごらん。たとえ話のお題は「ゴムボール」でね。

「ゴムボール？」

第6章

ゴムボール・トラップ

僕が、人生の真っ暗闇《くらやみ》を経験することで得られた、最大の収穫。

それは、「涙」を流せるようになったことです。

悲しかったり、怖かったり、うれしかったり、感動したり……いろいろな感情で「涙すること」ができるようになれたってことが、すごくうれしいんです。

ちょっと不思議に聞こえますかね。うれし涙はいいとしても、怖さや悲しさで涙できることすら「うれしい」なんて言うと。

「涙」が最大の収穫というのには、わけがありまして……。

それは、僕が記憶障害で病院を訪ねる前のお話。

いろいろなストレスにどっぷりとつかっていた僕から、「記憶」と手をつないで徐々に離れていくものがありました。「喜怒哀楽」です。

あのときの僕には、「喜怒哀楽」といった「感情」が、どこかに消え失せていました。

喜べるはずのことに喜べない。

怒るべきことに怒れない。

悲しんで当然のシチュエーションで、悲しめない。涙も出ない。

楽しいはずのイベントで楽しめない。

イメージできますか？　喜怒哀楽を「コントロールできない」とか、そういうレベルじゃなく、喜怒哀楽そのものが、「自分の中にない」状態。

すげー虚《むな》しいの。でも、自分が虚しい状態であることすら、自分で気づいていないの。

悲壮感とか、自殺願望とかもないから、自分が「うつ」である自覚すらないんです。

当然、そんな状態の僕に、人生を謳歌《おうか》するなんて芸当はできるはずもありませんでした。その必要すら考えていないのですから。

何の「願望」もわかないんです。強いていえば、「現状維持」が理想ってぐらい。

そんな僕でしたから、「ポジティブシンキングでいこう！」とか「もっと人生を楽しもうよ！」なんてアドバイスされても、理屈を頭で考えることはできても、その本質を「感じること」ができないんです。

で、そんなとき、僕が何をしていたかというと……「場に合わせた演技」をしていたんです。

喜んでいるふり。怒っているふり。悲しんでいるふり。楽しんでいるふり。

それを、ポジティブシンキングだと勘違いしていました。

バカですよねぇ。

この「中途半端な演技」のせいで、僕は前に進むどころか「うつ」に加速度をつけてしまいました。

そういったわけで、この章は、僕が雲さんとコンタクトするきっかけとなった「うつ病」のお話からスタートします。

「うつ病」は、「心の病気」といわれています。あまり「脳の病気」とはいわれません。

なぜだと思います?

それは「心」が原因となり、「脳」に影響が出る病気だから。病気の原因が、脳に欠陥があることではなくて、心に問題があるからなんです。

(脳腫瘍《しゅよう》・脳血管障害・認知症・てんかん・パーキンソン病など「脳の病気」からうつになるケースもありますが、これはちょっとおいといてください)

いままで、「心」を、「脳の仕組み」ととらえていた方には理解しがたいかとは思います。でも、この病気は、やっぱり「心(精神)」と「体(脳)」を分けて考えたほうが理解しやすいんです。

(かといって、まったく分離しているという話ではありません。心と体は精妙にリンクしています)


さて、ここから話は少々ウンコクサイ方向へ向かっていきます。

これから始めるご説明は、(これまでどおり)あくまで「比喩《ひゆ》表現」です。

ですから、文章を理屈で「読む」のではなく、言葉・単語にとらわれず、感覚として「感じて」いただきたいと思います。

また、僕は「医者」でも「カウンセラー」でも「霊能者」でも「超能力者」でもありません。

ただのウンコクサイ「一般ピープル」ですので、哀れな男の経験談、あくまで「参考」としてとらえてください。

では。

まずは、僕が感じている「心と体の関係(心のありか)」について。

「人間は、三次元だけではなく、複数の違う次元で同時に生きている」

これが現在の僕がもっている仮説です。

もちろん、体は三次元にある。これは明快、疑いようはない。

でも、「心(魂)」が別の次元に存在し、複数の次元を「同時」に生きているとしたら、僕の身に起きている、数々の不思議な出来事の説明ができるようになるんです。

で、信じる信じないとか、次元の話はちょっとおいといて、体（脳の活動）とは別に存在する、「心」をイメージしてみてください。

「心」ですから、物質ではありません。目にも見えない。形もない。でも、ある。

この「心」を、仮に『ゴムボール』として想像してみてください。

イメージできました？　ゴムボール状で、あなたの体とは別次元に存在する「心」。

で、このゴムボール（心）に、ギュっと圧力（ストレス）を加えると、「ペコリ」と凹《へこ》みます。この凹んだ状態が「精神的ストレス」といわれる状態。そのゴムボールが健全な状態なら、圧力を加えられたとしても、圧力から離れると「ポンッ♪」と元の形に戻ります。

でも、圧力を長期間加えられつづけたゴムボールや、素材がもろく、空気が抜けやすい状態になっているゴムボールの場合では、どうなると思いますか？

そう。圧力から離れても、凹みっぱなしで、元に戻る力を失ってしまっています。

この状態のゴムボールに「頑張れ！（元に戻れ！）」と別な方向から力を加えても、いままで凹んでいたところは元に戻っても、別なところが凹んでしまう。

一度空気が抜けたり、劣化してしまったゴムボールは、その凹みをとろうと、別なところを押してみようが、凹んだところを引っ張ってみようが、なかなか元には戻ってくれません。

しっかり「凹み癖」がついてしまっていますので、事あるごとに凹むようになるんです。

健全なボールは、
圧力をかけられても
すぐに元どおりに。

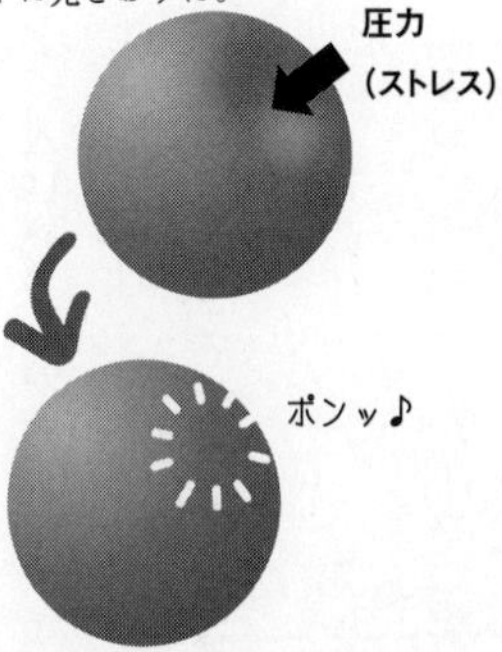

空気が抜けていると、
ある部分の凹みをとろうとしても
別なところが凹んでしまう。

あれやこれやといろいろな方法で力を加えつづけていると、そのうち、空気はもっと抜けてしまいます。さらには、ゴムの素材自体も劣化してしまい……。

これが、「うつ」がもつバッドループの正体。この「凹み癖」に気づかずにいると、人はいつしか頑張れば頑張るほど、頑張れないという蟻《あり》地獄にはまってしまうんです。

うつ病の人に「頑張って」と励ますのは逆効果といわれるのは、こんな理由です。

僕が「うつ」のバッドループに突入するきっかけは、たとえるなら、次のような感じだったと思います。

楽しく遊ぼうと思っていたんだけど、いつの間にかボールが凹んでいました。

まわりを見回しても、他に代わりになるボールもないし、しょうがないから、その凹んだままのボールで遊んでみることに。

以前だったら「ポンッ♪ポンッ♪」と軽快に弾んでいたんだけど、いま目の前にあるボールときたら、どんなに力強く床に投げつけても「べコッ……」と音を立てたきり跳ね返ってきてくれないんです。こんなボールじゃ、草野球どころか、壁に向かっての一人キャッチボールだってできやしない。

あーあ。がっかり。こんなボールで遊んでても、ちっとも楽しくない……。つまんないし、虚しさが募るばかりだからって、遊ぶこと自体を放棄しちゃった。

そんな感じで、自分の意思（無意識）で、「凹みっぱなしでよし」と決めてしまいました。

そんな状況がしばらく続く中で、いよいよ変化が起き出したのは「僕」ではなく「まわり」でした。

凹んでるボールを見た、友達や家族や同僚たちが「空気を入れよう」と近づいてきます。だって、一緒にいて、つまんないから。

「空気を入れたら、また弾むよ！」「また一緒に遊ぼうよ！」って言ってくれるんだけど、僕にはすっかり凹み癖ができているものだから、素直に「ありがとう」なんて言えない状態です。

だから代わりに、「じゃあ、どっかから空気入れを持ってきてくれよ」って返すんだけど、元気もやる気も勇気も感情もないので、その言い方は、どこか〝やけくそ気味〟で、ぶっきらぼう。

そうするとまわりは当然のことながら「なんだよ！　せっかく親切にしてあげてるのに！」「いつまでも、勝手に凹んでろよ！」って、気分を損ねてしまいます。

まわりが怒ったり残念がっている姿を見て、ますます凹むゴムボール……。

そして、自らどんどん卑屈な世界に入っていきます。

「そんなに怒ったり残念がるなら、はじめから空気を入れようなんて思わなきゃいいのに。そんなの〝親切〟じゃなくて〝よけいなお世話〟だよ」なんて感じでひねくれて。

さらには、人とのかかわりがどんどん面倒になってしまいます。

「もういいからほっといてくれよ！」


自分勝手に落ち込んで自暴自棄になっている、そんな理不尽な人間が相手でも、そのままほっとけないのは、その家族。

「ほっといてくれですって!?　ドンヨリした表情の人間と一つ屋根の下に暮らして、毎日顔を合わせている、こっちの身にもなってよ。そんなに暗い人のそばで一緒に暮らしたくはないの！」

……はい、ごもっともでございます。

でも、そう言われたところで、すっかり凹み癖のついている僕は「おお！そうか！　そうだよね！」とはなれませんでした。

「そんなに一緒にいるのがイヤなら、これ以上僕にかかわらなきゃいいのに……」

自分で勝手に卑屈になっているくせに、そんなことはすっかり棚に上げ、卑屈な思考回路を徐々にパワーアップさせてしまいました。

どうしてもね、「うつ」のときは、「心がガチガチ」になりがちなんです。

空気も抜け、すっかり弾力を失って、硬化してしまったゴムボールのように。

で、自分も、まわりも、ついつい焦って「空気を入れよう」としちゃうんだけど、ボールがガチガチなもんだから、なかなかうまく入ってくれないんです。そんな状態のときに一生懸命空気を入れようとするから自分もまわりも疲れちゃう。

さらに、ゴムが硬化状態でボロボロなもんだから、一度空気が入ったつもりでいても、「空気が抜けやすい状態」はそのままなんですよ。だから、見た目には「球」に戻っても、細かい穴やヒビがたくさんあって、またすぐにしぼんでしまいます。

まさにいま、うつ症状で苦しんでいる方、またはその周辺で見守っている方ならわかっていただけるかと思いますが、本当にそんな感じで心の柔軟性や、思考の柔軟性を失ってしまうんです。

一度空気が抜け、凹んでボロボロになってしまった自分は、凹みっぱなしでいるしかないんだという、固定化された思考から抜け出せないんです。

さて、ここで再度「ゴムボール」をイメージしてみてください。

あなたの「心」をゴムボール状に……。イメージできました？

そのゴムボールの「内側」ど真ん中、中心部に「あなた」がいます。そう。「心」の内側に「体」があると思ってみてください。

「自分（内）」と「自分以外（外）」を分ける壁、その境界線が、この「ゴムボール」です。

このゴムボールは「常識」「価値観」「先入観」「劣等感」「警戒心」など、それまでの人生で自らが築き上げてきた「思考」によってでき上がっています。

あなたはいま、ゴムボールに包まれています。

このゴムボールは、あなたの心理状態に合わせて、その性質を変化させます。

あなたが愛とやさしさにあふれ、心に温かな熱をもっているときや、情熱の炎を燃やしているとき。

ゴムボールは、その内側にある熱によって大きく大きく膨張します。ゴムは、大きく膨らむために、柔軟性を高めていきます（柔軟性が高まるほどに、大きく膨らむことができます）。内部空間は広がり、のびのびと躍動的に動き回れる「余裕」が生まれます。

また、その壁は徐々に薄くなり、透明度を増していきます（風船を思い浮かべていただければイメージしやすいかもしれません。風船は、膨らませるほどにゴムが薄くなり、透明度を増して向こう側がよく見えるようになりますよね）。透明度を増すほどに、世界の本当の姿、ありのままの姿が、ゆがみなく見えるようになります。

ボールが膨らむと、
壁は薄くなり透明度を増す。

だから、どんな状況変化にも柔軟に対応でき、新しい経験にも意欲的にチャレンジしていけます。

逆に、あなたが外界からのストレスに怯《おび》え、防御態勢に入っているとき。自分を外界のストレスから守るため、あなたはその壁を、厚く、硬くすることで、防御壁を頑丈にしようとしてしまいます。ゴムを厚く、硬くするため、ボールは収縮します。

ボールが収縮し、壁が厚くなったことによって、透明度を失っていきます。だから、見るものすべてが不明瞭《めいりょう》となり、「あるがまま」をとらえることができません。

内部空間が圧縮されていることと、壁による光の遮断によって、その中の温度は下がり寒々しくなります。また、狭くなったことで、体を小さく小さく丸めなくてはなりません。余裕はなくなり、不自由さを痛感します。あらゆることに消極的になってしまいます。

ボールが縮むと、
壁は厚くなり
暗闇に閉ざされる。

つまり、やさしさや愛にあふれ、自分から心を開き、すべてを受け入れる姿勢でいると、「あるがまま」をとらえながら、イキイキのびのびと生きることができるようになります。

逆に、世界との分離意識が高まり、警戒心を高めていると、世界は暗闇に包まれ、「世界は私を攻撃している」という先入観や、「自分は認められるほどの人間ではない」などといった思い込みが生まれ、不自由で余裕のない人生観となっていきます。

「畜生！　こんな自分じゃダメだ！」

「ストレスなんかに負けてたまるか！」

「もっと強くならなきゃ！」

そういったプライドやまじめさが、またさらにシールドを厚く・硬くしてしまう……。

こうなると、まわりがどんなに光を届けようとしても、本人がつくり出した壁に遮断されて届かない。ああ。悲しきかなバッドループ……。

身構えたことが原因となり、自分で「暗闇（不幸・ネガティブな現実）」を生んでしまっているんです。

「ただ、自分の身を守りたかっただけなのに……」

「なんで暗闇に覆われなきゃいけないんだっ！」

……。

と、いうことで、この話は「第5章　思い癖」につながります。

人が苦悩するかを考えている。

だから、自分が「つらい」と感じることに意識を向けている。

同じ世界に住んでいても、人が見ている世界は別のものだ。

だからほら、

あなたの「思っている」世界が、そこに「そのまま」あるじゃないか。

「思惑」

人を「笑わせよう」としている人は、日々、どうすれば人が笑えるかを考えている。

だから、自分が「楽しい」「おもしろい」と感じるものに意識を向けている。

人を「幸せにしよう」としている人は、日々、どうすれば人が幸せになれるかを考えている。

だから、自分が「幸せだ」と感じるものに意識を向けている。

人を「困らせよう」としている人は、日々、どうすれば人が困るかを考えている。

だから、自分が「困る」と感じることに意識を向けている。

人を「悲しませよう」としている人は、日々、どうすれば人が悲しむのかを考えている。

だから、自分が「悲しい」と感じることに意識を向けている。

人を「痛い目にあわせよう」としている人は、日々、どうすれば

第7章

宇宙立この世学院

僕が教育機関関連のお仕事をしているときに、人生を学校になぞらえて説明されたことがあるんです。この章は、そのときのたとえ話……。

人生はね「学校」みたいなもんだよ。

「それってどういう意味？　以前話してくれた〝訓練所〟の続きですか」

いや、もっと単純な話。入学（誕生）して、卒業（他界）する。

「……うわ。なんかありがちなたとえ」

でも、わかりやすいだろ？　どんなに「まだ社会に出たくないよ～」って駄々をこねていても、そのうち「さっさと単位とって卒業しろよ！」って追い出されるの。それがどんなに勉強しないヤツだとしても、最後の最後には

「卒業させてやるからとりあえず出席だけしとけ」みたいにさ、学校にはずっといさせてくれないんだ。そもそも「学校」には、卒業後のために入学するわけだから、いっぱなしじゃおかしいだろ。

「あはは。たしかにね」

「あの世」と「この世」は別物ではない。「社会」という枠組みの中の一要素に「学校」があるように、「あの世」という枠組みの中の「この世」なんだ。

「なるほど」

どんな生き方をしてきたかによって、死後の行き先（天国や地獄）が変わると伝えられている話は、学校でどれだけ能力を身につけることができたかによって、進学する大学や、就職できる会社のレベルに違いが出るのと同じようなもんだ。

「……厳しぃね」

厳しい？　とてもフェアな仕組みじゃないか。

「まぁ……、フェアってぃやぁフェアだけど……」

おまえのいまの価値観では、とても不謹慎に聞こえるたとえになるんだが、このまま学校という比喩《ひゆ》を使って話を続けてもいいかい？

「どうぞどうぞ」

感じになる。

「死」を「卒業」というキーワードでとらえ直してみると、たとえばこんな感じになる。

在学中（生存中）とても仲のよかった先輩が、自分より先に卒業（他界）し、社会（あの世）へ旅立つ。いつも同じ学校で学んでいた大好きな先輩とは、学校（この世）ではもう会えない。たしかに最初は悲しいかもしれない。でもね、悲しんでばかりで、「どうしてたまにでも学校に遊びに来てくれないのよ！」って叫んでいても、先輩は先輩で社会に出てからの自分の生活もあるわけだから、困っちゃうわけだ。

先輩からしてみると、「いや、悲しんでもらうのも、ある意味ではうれしいんだけど、悲しみつづけられるってのも困っちゃうんだよなぁ。その前に、ちゃんと勉強してくれよ。卒業してから俺と同じ大学に入れなくなっちゃうだろ」って感じ。

「ふむふむ」

でさ、卒業しても、なかには「あーあ。学校追い出されたけどよぉ、進学もしたくねーし、会社勤めもしたくねーんだよなぁ。まだまだ学校で遊んでいたかったのに……」ってヤツもいるわけだ。そーいうのがいわゆる「地縛霊・浮遊霊」な。

「なるほど」

で、卒業してから、進学するにしても、就職するにしても、そこに入学・就職するためには面接試験があるわけだよ。

「面接試験……」

うん。履歴書を持っていってな、面接官もしくは人事担当者（閻魔《えんま》）とご対面。

そんなこんなで社会（あの世）での新生活が始まるんだけど、「もっといい大学（会社）に入りたかったなぁ。あ～っ、もっと勉強しとけばよかった……」なんてことになると、親（守護霊）が「お！　じゃ、高校からやり直す？　それとも専門学校でも行くか？　いいぞぉ。お父さんもお母さんもおまえのためなら応援しちゃうぞ♪」ってなぐあいで入学願書を書くわけだ。

さて、ここらへんで、この学校の設定を具体的に考えてみようか。

「はい」

「あの世」も「この世」もひっくるめて、世界の基本ルールは「自由」なんだ。もともと「義務」なんてものはない。宇宙はすべて「自由意思」「自主性」で運営されている。だから、「義務教育」はありえないな。義務教育ではなく、自主的に入学する学校だからね。とりあえず、「高校」っていう設定にしてみようか。

「学校名は……宇宙立この世学院高等学校。校訓は……自由」

「自由」とはいえ、この学校には「制服」がある。

「制服？　あぁ、〝肉体〟か」

そういうこと。制服のデザインはある程度「自由」だけどね。

「まず最初に、ホワイト、ブラウン、ベージュの三色からお選びくださいって感じ？」

まぁ、そうだね。

「じゃあ入れ墨はさしずめ学ランの裏地に入った竜の刺繍《ししゅう》、ボディピアスは裏ボタンって感じかな。あはは。懐かしー（笑）」

制服のデザインや変形に異様に執着する者もたくさんいるが、それって「学業」とは全然関係ないからな。

「たしかに……。あ、そういう意味でも、僕は制服フェチなのか……」

なぁ、この高校の偏差値はどの程度だと思う？

「う～ん。偏差値かぁ……学ランに竜の刺繍がある生徒がいるぐらいだからねぇ（笑）」

世界を客観的に見てみるといいよ。相当偏差値が低いのがわかるだろう。

「そんなに低いの？」

そりゃそうだろう。この学校から、校内暴力がなくなったことがあるかい？　いつだってどこかとどこかの教室がケンカしてさ。ましてや殺し合いだからな。理由がどうであれ、その素行の悪さはビー・バップ・ハイスクールどころの騒ぎじゃないだろ。

「そうですね……」

「みんな仲よく」ってのは高校どころか幼稚園の話だぞ。それすらできないんだから、そのレベルは低いと言わざるをえない。

「……」

学力レベルがそんなもんだからね。ＰＴＡも大変だよ。親もいい加減手に負えないからさ、入学後はほとんど手出しはしない。「言ってわからないなら、実際に痛い目にあいなさい」ってなぐあいだ。だからこそ、この学校は「全寮制」。校訓には「因果応報」も加えておこう。

「僕……、なんてところに入学してしまったんでしょう……」

でね、この学校はちょっと変わっていてね。授業がないんだ。すべて自習。

「自習？　先生は？」

いないよ。

「学校なのに？」

「あの世」的にはいるけど、「この世」的にはいない。

「意味わかんないんですけど……」

そうだなぁ。じゃ、おまえの高校の卒業アルバムを見直してみなよ。そこに写っている高校の先生は「学ラン」や「セーラー服」を着ているかい？

「なるほど、そういうことか。制服（肉体）を着ているのは、生徒だけ」

そういうこと。

でも、先生がいないなら、授業はどうなるの？

だから「自習」なの。ちょっと想像してごらんよ。勉強に興味がなくて、授業なんて受けたくねーって言ってる素行の悪い生徒たちが好き放題している教室に教師が入っていって、まともな授業が成り立つと思うかい?

「……無理ですね」

前にも話したけどさ、勉強ってのは「自主的」に行うから身になるんだ。学ぶ気がない者に義務や強制で押しつけたところで、吸収なんてできやしないだろ。

振り返って見てごらん、おまえがこれまでに覚えられたものは、その理由がどんなものであれ、少なからず自分が関心を寄せたものだけだろ? 「あの世」のシステムは効率的だからね、ムダなことはしない。だから、この学校には「授業」がないんだ。

「授業がない学校かぁ……」

まぁ、それで以前は、苦し紛れに「訓練所」なんて言い方をしたんだけどね。

「じゃあさ、勉強はどうやってすればいいの？」

だから「自習」だって。

「いや、僕が言いたいのはそういうことじゃなくて……。たとえば、そう、教科書や教材は？」

そこら中にあるだろう。

「え？」

出来事・境遇・出会い・その他もろもろ、おまえの目の前にあるものすべて。それが教科書・教材だ。

その教材を使って、自身の「仮説」を立証していくことが、「この世」での学びなんだよ。

「仮説？　立証？　……何を？」

人間はね、この学校へ入学する際に一つの問題を与えられるんだ。

「その問題とは？」

善とは何か。

「ってことは、人生は〝倫理学〟ってことでいいですか？」

「倫理学」という言葉でくるにはちょっと狭いけど、まぁ、そんなところだろうか。

人は、否《いや》が応でも、この設問から離れることはできないんだ。仮に「善」を「善い・良い・好《よ》い」と変換して考えてみよう。誰しも、人生において、自分にとっての「よい」という「仮説」をもとに考え、判断し、行動し、日々生きている。

もう少し別な言い方で話してみようか。人は誰しも、「幸福とは○○だ」という仮説を立て、それを自分の人生において検証しているんだ。その魂が、どんな「仮説」をもち、どのような方法で検証しているか。それが「個性」になる。

「ふむふむ」

仮に「誰が何と言おうと、幸福の軸となるのはお金である」という価値観をもっている人がいるとする。この人は、「幸福は、所得・財産に比例する」という公式を「仮説」とし、自分の人生で立証しようとしているんだ。

この人においては自分の仮説が「お金」であるがゆえ、すべての境遇は「お金」を軸にした解釈となる。「あの人は僕よりお金持ちだから幸せであるにちがいない。この人は、僕より貧乏だから、不幸せにちがいない」……というふうに。

「たとえば、その人が、〝お金持ちなのに不幸な人〟もしくは〝貧乏なのに幸せな人〟を見つけた場合、どうなるの?」

その人次第だね。「自分の仮説が誤っていた」ととらえて、新たな仮説を立てるかもしれないし、問題があったのは「仮説」のほうではなく、「検証の方法」であったのだ、ととらえるかもしれない。物事の判断基準も、「何を〝よし〟とするか」という、あの設問に返ってくる。

なぁ黒斎、おまえはいま、どんな仮説をもって生きているだろう。

……。

さて、突然ではありますが、ここでみなさんも一緒に考えていただきたいと思います。

先ほど「その魂が、どんな『仮説』をもち、どのような方法で検証しているか。それが『個性』となる」というお話をしましたが、これをお読みになっているあなたのもっている「仮説」はどのようなものでしょうか。

突然こんなことを聞かれても困ってしまいますかね。もしかしたら、「これが仮説です」とすぐに示すのは難しいかもしれません。というのも、たぶんそれは、あなたの中では「仮説（不確定なもの）」ではなく「定説（当たり前・常識）」として認識している可能性が高いからです。

以前、僕が雲さんに言われたひと言に、こんなものがありました。

『おまえの常識は、他人の非常識』

なんだか「日本の常識は、世界の非常識」みたいですよね。

でもね、これって、意識するとホントに物事のとらえ方が変わってきます。

自分のもっている「常識」は「定説」ではなく、あくまで「仮説」の一つにすぎないと自覚するんです。そして、誰かとコミュニケーションをとる際、「この人は、どんな仮説をもとに物事を考えているのか」という目線でとらえると、ちぐはぐだったやり取りが、徐々に像を結んでいく感じをつかめると思います。

ああ、この人は「幸福は、いい人との出会いに比例する」という仮説で生きているんだな、とか、あの人は「幸福は、自分が優位であることに比例する」という仮説で生きているんだな、っていう感じで見つめてみる。

これ、その人の「幸福」を見るよりも「不幸」をとらえるほうが顕著にわかるかもしれません。何に嘆いているかで、その人（自分も含む）の「仮説」が見えてくる。

病気で嘆いている人がいたら、その人は「幸福は、健康状態と比例する」という仮説をもっているということ。

でも病気であろうと、「私は幸せだ」と思っている人もいますよね。その人から見たら、この仮説は誤りなわけです。

そういうふうにまわりを見ていきますと、あるおもしろい発見に出会えると思います。

たいていの人は、その内容に違いはあれど、「幸福は、境遇に比例する」という仮説で生きているんです。

この意味、わかりますか？

「もっと楽しいことがあれば、幸せになれるのに」

「もっとお金があれば、幸せになれるのに」

「もっとステキなパートナーとめぐり合えたら、幸せになれるのに」
「もっといい家が、いい環境があれば、幸せになれるのに」
「もっといい会社に入れたなら、幸せになれるのに」
「もっと自分より不幸な人がいれば、幸せになれるのに」
「もっとおいしいものが食べられれば、幸せになれるのに」
「もっと容姿端麗だったら、幸せになれるのに」
「もっといい親だったら、幸せになれるのに」
「もっとセックスできれば、幸せになれるのに」

もっと、もっと、もっと……と望んでいるのは、さまざまな「出来事・境遇・出会い・その他もろもろ」。

そうして見てみると……あれ？

これらの望みはすべて、宇宙立この世学院高等学校の「教科書・教材」ではなかったか？

「幸せ」という名の「答え」を求めているつもりが、実は「新たな教科書・教材」を追い求めているだけだった……。

……。

いくら教科書・教材の数が増えようが、その種類が変わろうが、それを使って勉強しなければ、いつまでたっても「学力」が向上するわけないだろう。自分の頭の悪さを「教科書が悪い」と責任転嫁して「もっといい教科書なら」「もっといい教材なら」と言っては、「勉強」そのものから逃げつづけている。どんな教科書を手にしても、勉強を始めない。

「……。なるほど、この学校の偏差値が低いわけもわかってきました……」

偏差値が低いとはいえ、それでも入学試験もあったんだよ。

「え？　この世に来るにも〝お受験〟が必要なの？」

ここだけじゃないさ。学校だろうと、会社だろうと、そこに入るための試験が必ずある。自分の能力を超えるレベルの学校や会社に入っても、結局ついていけなくて、つらい思いをするのは自分だろ？　だからね、魂は必ず適材適所になるんだ。

「僕自身、どんな試験を受けたのか、すっかりさっぱり忘れているのですが……」

そりゃそうだよ。「宇宙立この世学院」は偏差値が低すぎるからね。入学の際には、一切の記憶を消されるんだ。

「なんで偏差値が低いと、記憶を消されるの？」

勉強がイヤで、すぐに逃げ出しちゃうんじゃ入学しても意味ないだろ？「あの世」を逃げ場にされても、こっち側としては困るんだよ。だから、一時的に「あの世」の記憶を消して入学させる。

「でもさ、ある程度は勉強に意欲的な人もいるんでしょう？　なんでその人まで記憶を消される必要があるの？」

その意欲の目的が問題。中途半端に転生の仕組みを知っていると「来世のため」に勉強を行う者が出てきてしまう。それではダメなんだ。

「なんで？」

たとえるなら、いい会社に入りたいがために、いい大学に進学しようとするのと同じ話。

「ぃい会社に入りたぃから、ぃい大学に進みたぃ。当然だと思うけどな。これの何がダメなの？」

「見当違いの仮説」が生まれているからだよ。幸せの基準を、「会社」というものでとらえてしまっている。「いい会社に入ることが幸せなのだ」と考えることで、「現在」を否定してしまっている。そこがおかしい。最初に考えるべき「いい会社に入りたい」という思いの前にある、「いい会社」の「いい」とは何かを考えていないからだ。言っただろう？「この世」での課題は「善（よい）とは何か？」だと。

「いい会社」とは何だ？「給料が高い会社」のことか？「福利厚生が行き届いている会社」のことか？それとも「残業がない会社」のことか？

そもそも「会社」自体が幻想なんだ。「会社」というものには実体がないんだよ。考えてごらん、「社屋」や「社員」は存在しても、「会社」というものは実在しない。社員が寄り集まったことで生まれた関係性のことを「会社」と呼んでいるだけなんだ。

だとしたら、そこにいる社員が「いい」人間でなければ、「いい会社」であるわけがないだろう。自分が悪ければ（「いい」とは何かを知らなければ）、どんなに「いい会社」に入っても、入社した時点でその会社は「いい会社」ではなくなってしまう。

「なるほど……」

そういうわけで、「過去（前世）」や「未来（来世）」に振り回されず、ちゃんと「いま」を見て勉強できるようにという配慮から記憶を消されるんだ。もっと偏差値の高い学校の生徒なら、そういうこともちゃんと理解できているから記憶を消す必要はないんだけどね。

「へ～。ところで、僕が受けた入学試験って、どんなテストだったの？」

出題される問題はたった一つ。「あの世」で行われる試験は、どこの学校に入るにも、どこの会社に就職するにもこれ一つだけだ。それは「愛とは何ぞや？」という問題。この問題に対する答え次第で、その魂の行き先（偏差値）が決まるんだ。

「ちなみに、僕はその問題に何と答えたの？」

「よくわかりません」って。

「……。マジッすか」

マジッすよ。いまだってわかっていないだろ?

「いや……うん……たしかに……」

だからな、それを知るために、ここ(この世)に来たんだよ。しっかり勉強したまえ(笑)。

「ところでさ、ふと思ったんだけど、この世が学校だとしたら、この学校には〝校則〟があるかな? これまでいろいろな宗教では、モーセの十戒だとか、仏教の五戒だとか、〝戒律〟と呼ばれるそれらしいものがあるよね。

『モーセの十戒』

一 汝《なんじ》、我のほか何物も神とすべからず

二 汝、己のために偶像を刻むべからず

三　汝、主の名を濫《みだ》りに唱うべからず
四　汝、安息日を覚えて聖とすべし
五　汝、父母を敬うべし
六　汝、殺すべからず
七　汝、姦淫《かんいん》すべからず
八　汝、盗むべからず
九　汝、隣人に関し偽証すべからず
十　汝、隣人の妻・財産を貪《むさぼ》るべからず

『五戒』
一　不殺生戒《ふせっしょうかい》／生き物を殺してはいけない
二　不偸盗戒《ふちゅうとうかい》／他人のものを盗んではいけない
三　不邪淫戒《ふじゃいんかい》／自分の妻（または夫）以外と交わってはいけない
四　不妄語戒《ふもうごかい》／嘘《うそ》をついてはいけない

五　不飲酒戒《ふおんじゆかい》／酒を飲んではいけない

すごく近いというか、似てるというか……。

数は違えど結局は言ってることほとんど同じですよね。ってことで、何となくこれが宇宙立この世学院の校則なのかと思ったんだけど」

違うよ。そもそも宇宙立この世学院に校則はない。

「え？　ないの？」

ないよ。

「そうか……ないのかぁ……」

何か問題でも？

「いや、問題ってことはないけど……。じゃあ、モーセの十戒とか、仏教の五戒とか、あれ何？」

あれは「校則」じゃないよ。課題に対する「解答」の一つだ。

「あ！」

気づいたかい？　この世学院での課題は「善とは何か」を学ぶことだった。だとしたら、「あれをしろ、これをするな」とあらかじめ教えられていたらおかしいじゃないか。「何をなし、何をなさないか」を選ぶのは自分だ。その学び場がこの世だ。だからこそ、この学校に校則はない。

「なるほど」

モーセはね、戒律を述べたのではないんだよ。訳し方・伝わり方が違っているんだ。

「十戒」とは、のちに他者が当てた言葉だよ。原語のヘブライ語では、単に「十の言葉」となるんだ。だから、もともと戒律・規則を語っているわけではない。「汝、殺すべからず」なんかも訳し方が違う。ヘブライ語を直訳すれば「殺してはいけない」ではなく、「あなたは殺さない」となる。つまり、これは命令や強制ではなく、「まさかまさか。あなたが人を殺すなんてことはないよね」という、自発的な行いを促した言葉なんだ。言わずもがな、他の言葉もそうだよ、「君が道義に背いたセックスを望むはずはないよね」「あなたに限って、人のものを盗むなんて。そんなことはありえないよね」ってね。本当はそういうニュアンスなんだ。

「へー」

宇宙立この世学院の校訓は「自由」だ。「自由に善を学べ」と言っている学校が、「～すべからず」「～べし」なんて命令・強制していたらナンセンスだろ。生徒自身が自分で答えを導き出す前に「これが悪だ、これが善だ」と押しつけることになるんだから。

先人たちが残してくれた解答の数々。その解答が、なぜその解答になりえたのかという経緯も理解せず、ただ「その解答らしいのだ」「それが正解らしいのだ」と丸暗記し、自分の答案用紙にそのまま記入するのは勉強ではない。単なるカンニングだ。

カンニングは不正行為だ。カンニングが不正行為とされる理由は、それが悪いことだからだ。カンニングの何が悪いのかといえば、他の誰でもなく、自分にとって悪いからだ。誰を騙《だま》すわけでもなく、自分自身に嘘をつき、自分を騙しているからこそ、本当のことが見えなくなる。

「勉強したつもり」という思い込みによって、本当のことを知ろうとしなくなるから、自分は知っているのだと思い込んでしまうから、自分にとって悪いんだ。

その本質を理解していないのに、「だってこれが答えなのだから」と思い込んでいると、ちょっと問題が異なっただけで、自力で答えを導き出せず、パニックになる。パニックになっても、自分がなぜパニックになっているかも理解できない。ずっと自分を騙しつづけ、カンニングを続けてきた結果だ。

あそこの解答集が素晴らしい、いや、こっちの解答集がありがたいと、その答えばかりを探し歩いても、おまえはちっとも賢くならない。

名言・格言探しもいいけれど、その答えを暗記する方法より、その答えが、なぜその答えになったのかを考えろ。

きることで、心が熱く燃えることを知っています。

「生きるぞ！」という気概の中にあるのは、「気張り」や「いきみ」ではなく、「ほほえみ」です。

「わからないまま　おわる　そんなのは　いやだ！」と、ハッキリとした目的をもっているから強いんだね。アンパンマンは。

（それでは、みなさんご一緒に）元気100倍！　アンパーンチ！！

JASRAC　出 1914587-901

「勤勉」

なんのために　生まれて　なにをして　生きるのか

こたえられないなんて　そんなのは　いやだ！

今を生きる　ことで　熱い　こころ　燃える

だから　君は　いくんだ　ほほえんで

なにが君の　しあわせ　なにをして　よろこぶ

わからないまま　おわる　そんなのは　いやだ！

（やなせたかし作詞「アンパンマンのマーチ」より抜粋）

愛と勇気のヒーロー『アンパンマン』は、とても勉強熱心です。

「宇宙立この世学院」の課題である、『善とは何か？』に対して、「なにをして　生きるのか」「なにが君の　しあわせ」と真っ向から切り込みます。

過去にとらわれることなく、未来を憂うこともなく、「いま」を生

第8章

幸せって何だろう

前章では、「人はみな、出来事・境遇・出会い・その他もろもろといった、自分の周辺環境を教科書・教材とし、その教材を使って、自身の仮説を立証することが、この世での学びである」といったお話をしてまいりました。

別な言い方として、「人は誰しも『幸福とは○○だ』という仮説を立て、それを自分の人生において検証している。その魂が、どんな仮説をもち、どのような方法で検証しているか。それが『個性』となる」というお話もさせていただきました。

さらには、大多数の方は、その内容に違いはあれど、「幸福は、境遇に比例する」という仮説をもとに人生を送っているという、僕なりの客観的な考察も述べさせていただきました。

どうでしょう？　ここまでのところ。

僕の言っていること、何となくでも伝わっているでしょうか。

いま一度ご自身を、また、まわりを観察していただければ、本当に「幸福は、境遇に比例する」という仮説で生きている方の多さに気づかれると思います。

でも。「幸福は、境遇に比例する」という仮説は、結局のところ、どんなに頑張っても「本当の幸福」を立証することはできないんです。

なぜなら、境遇によって得られる幸せは、境遇によって不幸せにもなってしまうからです。

たとえば、「お金の豊富さ」による幸せは、「お金の足りなさ」によって不幸せに変貌《へんぼう》してしまいます。また、豊富な財産をもっていてもなお、「それを失うことの不安」があれば、心の平安を得ることはできません。

お金・財産だけではありません。健康・仕事・環境・恋愛・結婚・美食・容姿・名声・肩書き・その他もろもろ……何かによらなければ得られない幸せは、決して本当の幸せではないのです。

では、本当の幸せとは何なのか？

ここで、いま現在の僕の仮説をあげさせていただきます。

「幸福とは、その『才能』に比例する」

これです。

「幸せ」は、音楽やスポーツ、芸術などと同じ、「才能」だと思うのです。

音楽の才能をおもちの方から、いくら譜面や楽器、声や聴覚を取り上げても、頭の中で音楽を奏でることを不可能にすることができないように、「幸せ」という名の才能をもっている人からは、何を取り上げても不幸せにすることはできません。

「幸せ」という名の才能が豊かな人は、何をやっても、どこにいても幸せを得ることが可能です。

それを見ている他者が、あまりにも幸せそうにしているその人を見て、「その人の周辺環境が幸せなことなのだ」と勘違いしてしまうことで、先の「幸福は、境遇に比例する」という仮説をもってしまっている。

いかがですか？　「幸せとは、才能である」というとらえ方。

「幸せな人」というのは、「幸せな境遇に恵まれている」というより、「幸せという才能が豊かなのだ」ととらえると、妙に納得がいきませんか？
与えられた環境によって幸せになるのではなく、その才能に長《た》けているからこそ、環境を恵まれたものにすることができるんです。

幸せという才能が豊かな人は、仕事で、幸せになれる。
幸せという才能が豊かな人は、結婚で、幸せになれる。
幸せという才能が豊かな人は、その環境で、幸せになれる。

逆に、「不幸せ」という才能が豊かな人もいるわけですよ。

不幸せという才能が豊かな人は、仕事で、不幸せになれる。
不幸せという才能が豊かな人は、結婚で、不幸せになれる。
不幸せという才能が豊かな人は、その環境で、不幸せになれる。

ね？

その人が、どちらのスキルを身につけているか（活用しているか）によって、その世界が変わっていく。こちらの考え方のほうが、何かと合点がいくんです。

なのに世の人々、「環境づくり」に、せっせと努力しちゃってるわけですよ。

「幸福は、境遇に比例する」という、立証できない仮説に頑固なまでにしがみついて、「負けてはいられない！」と、いつも何か「仮想の敵」と戦っちゃっている。この人、いったい何と戦っているつもりなのか。

本当は存在しない敵と、ずっと戦っているものだから、結局疲れちゃう。「あー。いつまでたっても勝てやしない。僕って、やっぱりダメなヤツなんだ～」なんて落ち込んじゃったりして。いや、何を隠そう、以前の僕のことなんですけどね……（汗）。

敵なんて元から「いない」んだから、そもそも勝てるわけがないんです。

それをわからずに必死で幻想と戦いつづけ、僕はとうとう病気にまでなってしまいました。

そんな僕がうつ状態真っただ中だったある日、雲さんからもらったメッセージ。

それが、

努力の方向が間違っている。

でした。

これも、「才能」をベースに考えてみると、わかりやすいんです。

「幸せ」という才能を、仮に「音楽」という才能に置き換えてご説明してみますね。

たとえば……。

個人的なことでお話ししますと、いま現在、僕はそれほど音楽の才能に長けているとはいえません。カラオケぐらいなら、それなりに歌うことはできますが、楽器はほとんど弾けないんです。それどころか、小学生向けの簡単な楽譜も読めないぐらい音楽には疎い。

そんな僕がある日、「何か楽器を奏でられるようになりたい」という願望を抱いたとします。

さてこのとき、僕が楽器をうまく奏でられるようになるには、何が必要でしょうか。

そう。何よりも、実際に「楽器を弾く」という経験が必要です。

たとえば、そうですね……。仮に「ギター」にしてみましょうか。僕がギターを弾けるようになるには、どんなに下手でも、実際に弾いてみなければなりません。高級なギターを購入し、教本を読みあさって、布袋《ほてい》さんやエリック・クラプトンのＤＶＤを延々凝視していたとしても、実際にギターにふれないかぎりは、うまくなりようなんてないんです。

名プレイヤーにうまく弾く「コツ」を聞いたとしても、「コツ」そのものは、どうやったって、そのまま流通させることはできません。実際にプレイすることで、自分で会得しなければならない。

これっぽっちも練習しないくせに、「僕がギターが下手なのは、教本やギターの質が悪いからです」なんて言ってたら、「おまえアホか？」ってなるじゃないですか。

楽器や教本などといった「環境」は、僕の「才能」とは、まったく異なる次元の話ですよね。

それなのに、ああ、それなのに。

ギターが下手だからといって、練習もせずに、せっせと新しいギターの購入や教本の選択にばかり努力していたとしたら。

「……ギターは向かないみたいだから、今度はピアノにしてみよう」とか言って、努力の方向・対象を間違えてばかりいたら。

オー・マイ・ガー！　いくら努力したって、一向に「才能」が伸びることはない。

言わずもがな、これを「幸せ」に置き換えてみれば……。楽器や教本を「境遇・環境」に置き換えてみれば……、ね。

たしかに、「練習する」という経験のためには、「楽器」や「教本」が必要だ。

それと同じように「幸せを感じる」という経験のためには、「境遇」や「環境」が必要です。

でも、「楽器があるから、弾けるようになる」ではないように、「境遇がよいから、幸せになる」ではない。あくまでも、幸せを感じるという経験のために、境遇や環境があるんです。

いえ、僕は何もわざわざ「苦労しよう」なんて話をしているのではありません。

単に、「幸せを感じよう」と言っているだけなんです。

幸せを感じることを煙たがるなんてナンセンスでしょ？

さぁみんな。自分のギターは構えたかい？　Now, let's play!（さぁ！　楽しもう！！）

と、まぁ、こんな感じで精神的な話、つまり「問題に向かい合う際、改善すべきは外ではなく内である」的な話をしていると、必ずといっていいほど引き合いに出されてしまう言葉があります。

「よりよい環境を望むことの何が悪い」
「よりよい環境に改善しようと努力することの何が悪い」
「その向上心があるからこそ、人間は成長できるのではないか」

といった意見です。

うん。お気持ちはわかります。かつては僕も同じことを述べ、論破できたつもりでいた一人ですから。

でも、この意見は、論破するどころか同じ土俵にすら上がっていないというのが、恥ずかしながら、いまになって、ようやくわかったことなんです。

というのも、それとこれとでは、話されている対象がまったく異なっているんです。

この話もね、先ほどの「ギター」と「才能」の関係でとらえ直してみれば一目瞭然《りょうぜん》でご理解いただけるかと思います。

「よりよい環境を望んで何が悪い」

右記、言い換えればこういうことですよね。

「よりよいギターを望んで何が悪い」

うん。そりゃ、もちろん悪いことじゃないですよ。でも、いま話しているのは「楽器」ではなくて「能力」の話なんです。

一万円で入手した、中古の入門用ギターから、何十万円もするプロ御用達のギターに持ち替えたところで、演奏が飛躍的にうまくなるなんてことはないじゃないですか。

それを手にしたとしても、自分の演奏能力が何一つ変わっていないことを目の当たりにし、愕然《がくぜん》とするのが関の山です。

ましてや、コードの一つも押さえられない人が、「俺のギターは素晴らしいだろう」なんて自慢している姿は、想像するだけでも相当寒い。音楽を楽しむためにあるはずのそれらで、単にその貴重性だけを競い合っている。それでは、ただの宝の持ち腐れです。

どれだけ自分を犠牲にして、その立派なギターを手に入れたのかは知らないけど、どんなに苦労してそこまで改造したかは知らないけど、弾かなきゃ何の意味ももたない。

それがどんなに粗末なおもちゃギターだとしても、それを使って即興のオリジナル曲を奏でてみせることのほうがよほど格好いいはずです。

よりよいギターが欲しいという願望の根底にあったのは、「より気持ちよく音を奏でたい」という思いであったはずなのに、それすら忘れ、多くの人は高級ギター獲得に翻弄《ほんろう》されている。

人が羨望《せんぼう》の眼差《まなざ》しを向けるその先で、軽やかに演奏してみせる彼の才能は、ギターにあるのではない。彼自身にある。

かつての僕がそうだったように、こんなに当たり前のことを、多くの人ははき違えてしまっています。

よりよい環境を望むことは悪いことじゃありません。よりよい環境をつくろうと努力することは、決して悪いことではありません。

でも。それと「幸福」とは、やっぱり別な話なんです。

さて、ここで再度話を戻しまして……。

「幸せ」が、音楽やスポーツ、芸術などと同じ「才能」なのだとしたら、我々はその才能をどのように開花すればいいのでしょうか。

もしかしたら、これまでの内容を読んできて、「幸せが才能なのだとしたら、私にはそんな才能などない」と半ばあきらめかけている方もいるかもしれませんよね。

「だってそうじゃないか。音楽だってスポーツだって芸術だって、その才能には明らかに優劣があるじゃないか！ 努力だけでは片づけられない、生まれながらの天賦の才があるじゃないか！　そういった天賦の才を持ち合わせていない凡人である我々は、元から大きなハンディを背負っている。そんなの不公平だ！」と。

うん。その気持ちも痛いほどわかります。

実はね、僕も以前そんな気持ちを雲さんにぶつけたことがあるんです。

でもねぇ……。

そんな言葉を聞いても、この黄色いTシャツを着たオッサンは、少しも動じることなく「ぷっ」とか言って失笑するわけですよ。

そのときのお話をちょっとご紹介しますとですね……。

「天賦の才」は、その魂がそれまでの過去世の中で培ってきた努力の賜物《たまもの》だよ。

「何ですとぉ？」

魂が培ってきた経験は、転生ごとにリセットされるわけじゃないよ。

「マジッすか」

体験の記憶は消されても、経験してきたもののエッセンス、「素質」は受け継ぐんだ。「気質」と言い換えてもいいかな。どんな才能も、その魂が培ってきた本当の意味での財産だ。しかし、先天的に素質をもっていたとしても、素質はあくまで素質でしかない。植えなければ芽が出ない種のように、素質をそのまま置いといても芽は出ない。その素質を育てるか否かは後天的な選択だ。

もちろんさっきおまえが言ったように「そんな才能なんて持ち合わせていないよ!」なんて腐って、努力を放棄する自由もあるけどね。言っておくけど、それで結局泣きを見るのは自分でしかないからな。ないならないで積み重ねればいいのに。おまえの悪い癖だよ、「ALL or NOTHING」という考え方は。

「だから経験が大切なんですか？」

そうだね。でも……だからといって「経験を積むことを目標に努力する人生や、技術を磨こうとする人生」を送ろうとするのは、お世辞にも賢い生き方とはいえないな。

「ごめん。それ、どうしてなのかわからない……」

「幸福は、その才能と比例する」って考えると、ついその才能を磨こうとしちゃうだろ。

「そりゃそうですよ」

そこが違うんだよ。人生ってのは、そういうことじゃない。それに……前にも言っただろ。「宇宙は、おまえの思ったことを〝そのまま〟反映する」と。

「そうか！　才能が欲しいという思いは、才能が足りないという思いの裏返し……。う〜ん、また同じ罠《わな》にはまってるし。どうすれば……」

学生時代を思い出してみなよ。学力がスイスイ伸びていく「勉強が得意な子」っていたろ。その子は、おまえとどこが違っていたかな？　その答えがそのまま、自分の才能を引き出す鍵《かぎ》になるんだよ。

「う〜ん。楽しむこと……ですかね。僕は、勉強を楽しんではいなかった」

そうだね。キーワードの一つは「楽しむこと」だ。「楽しむこと」は、自分のスキルアップに直接つながる。これって、なんてステキなことだろう!

「これも、順序を間違うと、さっきと同じ罠にはまっちゃうね」

そうだね。「楽しんでるからこそ、自然とスキルアップする」が正しい。なのに、これを逆転してとらえてしまうと、「スキルアップのために楽しもうとする」という図式になってしまう。こうなってしまうと、「楽しむことに努力する」という本末転倒な状況が生まれてしまい、「なんで楽しむことが、こんなに大変なんだ!?」ってことになっちゃうね。

「あれ……ちょっと待って。またわからなくなってきた……。あのとき、僕は勉強が嫌いだった。嫌いなものを楽しめるようになるにはどうしたらいいんだろう。嫌いだと思っていることを好きになれと言われても、そう簡単に好きになれるものなのか?」

じゃあ、別な方向から考えてみよう。これまでおまえが「好きになったこと」「楽しんできたこと」に共通する事柄は何だろう。「嫌いだったこと」「好きじゃなかったこと」にはない、明らかな違いは何だろう。

「あっ、〝関心〟だ！」

新たなキーワードが見つかったね。そうだ。「関心」だ。これは、「情熱」という言葉で考えてもいいかもしれないな。

人は、「自分が関心（情熱）を寄せたもの・こと」に対して、その関心（情熱）の大きさに比例した能力を開花させていくんだ。「好き・楽しい」は「関心の高さ」の表れだ。「嫌い・楽しめない」は「関心（情熱）の低さ」の表れだ。何に関心を寄せているかで、世界が変わる。

「ポジティブなものに関心を寄せればポジティブなものをとらえるスキルが、

ネガティブなものに関心を寄せればネガティブなものをとらえるスキルが上がっていく……」

そうそう。そういうことだよ。

よし、ここで学生時代の話に戻ろう。

勉強が得意だったあの子はこう考えた。「自分の知識が向上していくのはうれしいことだ。勉強は、自分を向上させる大切なものだ」。そうやって「勉強の楽しめる部分」に関心を寄せていた。

おまえはこう考えた。

「何のために勉強させられているのかわからない。もっと、他のことをしていたいのに。勉強は、自分を拘束するやっかいなものだ」

そうやって「勉強のイヤな部分」に関心を寄せていた。同じ場所で、同じ時間に、同じ教科書で、同じ先生に習っていたのにね。「とらえ方の違い」が二人の成績という結果を「異なるもの」にした。

「これをそのまま〝幸せ〟に置き換えてみると……」

簡単な話だね。「幸せな人」は、「よいと思うこと」に関心を寄せている。「不幸な人」は、何が「よいこと」なのかを考えずに無関心でいるんだ。またては、人の失態をあざ笑ったり、「自分が勝つこと（＝敗者をつくること）」に喜びを感じたり、「あいつが悪い」「ここが悪い」「自分が悪い」と「悪いと思うこと」に関心を寄せている。「悪いと思うこと」に関心を寄せているのが習慣化されれば、「悪いと思うこと」をとらえる能力が向上して当然だとは思わないか。

「思います」

おもしろいだろ？ この「不幸な人」は、誰に強制されているわけでもないのに、「よいこと」に無関心でいるんだ。自分から「悪いと思うこと」に関心を寄せているんだ。「悪いと思うこと」に関心を寄せることのほうが、「よいと思うこと」に関心を寄せるより好きなんだ。自分から望んで「悪いと思うこと」を引き寄せているんだ。それがその人にとっての「よいこと」なんだ。

自分のことを「幸せだ」と思う人は「幸せ」だ。自分のことを「不幸だ」と思う人は「不幸」だ。まさに、「思いどおりの人生」じゃないか。ほら、神はすべての人の希望を、いま、この場で、そのまま叶《かな》えてくれている!

人は、自分が関心をもったものを引き寄せる。当たり前の話だね。だからほら、多くの精神世界の書籍に書かれているように、「思考は現実化する」んだよ。

が病む」。

「羨ましい」という思いが出てきたら……素直にその人の素晴らしさを『称賛』する。それだけでいい。

　でも、どうしても「羨ましい」という気持ちを手放せないのなら……。

「いいなぁ」という「後ろ向き」の思考を捨てて、「よし！　あの人をお手本（目標）にして、私は変わるぞっ☆」という「前向き」な思考に変換しましょう。あなたの「変わるぞ☆」という思考エネルギーは、必然的に『行動』へとつながり、何らかの『結果』を生みます。その『結果』を『実感』することにより、あなたは『自分は変われる』という『自信』を手にすることができる。

『自信』を手にしたあなたは、『私は、変われる☆』と言えるようになり、『変われる現実』を呼びます。『変われる現実』の中で『行動』を続けると、最終的に『私は、変わった☆』と言える現実を引き寄せることになります。

「羨望」

【心病む】

「心（こころ）病（や）む」ではなく、「心（うら）病（や）む」と読みます。そう。これが、『羨（うらや）む』の語源です。

昔の人は、「顔」や「表情」など、「目に見える」ところを『面（おもて）』と言い、目でとらえることのできない「こころ」「胸の内」のことを『心（うら）』と表現しました。顔が面（おもて）、こころが心（うら）。

「心（こころ）」が病んだ状態で……『心病（うらや）む』。

「羨ましい」という気持ち、あなたも一度はもったこと、ありますよね？　でもね、この「羨ましい」っていう気持ちが定着して、『思い癖』になっちゃうと、本当に心が病んじゃうから気をつけてね。^ ^

「羨ましい」という気持ちの裏には、やっぱり『不満』があるんです。

「あの人はもっている。なのに、私はもってい〝ない〟」

「あの人は知っている。なのに、私は知ら〝ない〟」

「あの人はできる。なのに、私にはでき〝ない〟」

ね。やっぱり「〜ない（不満）」があるんです。だから、不満のままの現実を手にすることになるんです。

「いじけて」みたり、「すねて」みたり、「ねたんで」みたり……そんな<マイナスエネルギー>を日々せっせと蓄えていくと、世の中がやんなっちゃって、自分がやんなっちゃって……結果、「心（こころ）

第9章

よっぱらい

こういった内容のブログを書いておりますと、日々たくさんのコメントを頂戴いたします。

そんな中、「いや、気づきやら目覚めやらってさ、苦悩から解放されるのはいいかもしんないけど、それってなんだか人生つまんなくなりそうじゃね？」的なご意見も頻繁にいただいておりましてね……。

うん。お気持ちはすごくよくわかるんですよ。僕も同じこと考えてたこともあるし。

でもね、そういうことじゃないんですよ。これって。

で、あるとき「どうやって説明したらわかってもらえるでしょうね？」って雲さんに相談してみたんです。そうしたら、

じゃ、「アルコール依存症」をテーマに進めようぜ。

ってなことになりまして。

まぁ、簡単に結論から言っちゃうと、

「凡夫（真理を理解していない人・一般ピーポー）」＝「よっぱらい」
「仏陀《ぶつだ》・覚者（正しい悟りに目覚めた人）」＝「シラフ」

っていうシンプルな話です（あ、言っておきますけど、僕も「よっぱらい」の一人ですからね）。

この世に生まれてくる僕らって、基本的にデフォルトで「アルコール依存症」状態なんですよ。

もうね、アルコール（カルマや煩悩）が大好きなの。やめられない、止まらない。

で、この世が、いわば「アルコール依存症更生施設」なんです。

そこに、「アルコールやめれるかどうかわかんないけど、ヨロシクお願いしまーす!」ってやってくるんですけども……。

あれですよ。かの有名な「原因と結果の法則」ってのも、コレで考えますと、

「飲む(原因)」→「酔う(経過)」→「トラブル発生(結果)」という図式。

覚者ってのは、「飲まない(原因)」→「酔わない(結果)」ってのがわかってるから、ハナから飲まないと、単にそういうことですね。

で、この因果関係がわかっていない方の物事の解釈ってのは「俺が悪いんじゃないんだよ。そこに酒があるのが悪いんだ」って感じで、あくまで自分は「被害者」ってことにしちゃう。あるいは、「酒が好きなんだから、飲んで何が悪いんだよ!」って変に開き直っちゃってるか。

更生施設内で飲んでいるんだから、悪いに決まっているんですけどね……。

そんな感じの僕たちアルコール依存症患者(凡夫)がですね、アルコール

(カルマや煩悩)を清算して、酔いから覚めたシラフの人(仏陀・覚者)を見て言うわけですよ。

「ねぇねぇ、酒がなくて人生楽しい?」って。

すると、お酒に執着のない人はこう返すわけです。

「そりゃそうだよ。これまでさんざんアルコールで失敗してきたんだから。依存症という苦厄から解放されたんだもの。体にも、精神にも、生活にも、人間関係にも……あらゆる悪循環を生んできた原因から離れることができたんだもの。こんなに清々《すがすが》しいことはないよ! そう言う君こそ、いまだお酒にしか楽しみを感じられないのかい?」って。

世の中(更生施設内)を見回すと、いろいろな方がいらっしゃいます。

・「どうしても、やめなきゃダメ？」って、もがいている方。
・「やめたいけど、やめられない」という方。
・「絶対やめたほうがいいよ！」って言っている方。
・やめる気のない方。
・「ほどほどのつきあいならいいんじゃないの？」って言っている方。
・「結局、飲んだ責任は自分が負うことになるんだから、好きにすれば？」って言っている方。
・自分がアルコール依存症であることにすら気づいていない方。
・意識していないけど、禁酒を続けることができている方。
・「ま、とりあえず一杯♪」ってお酒注《つ》いでくれちゃう方。

この世は「アルコール依存症更生施設」ですから、お酒好きの方や、やめる気のない方から見たら、「何かと思いどおりにいかない不自由な場所」です。

逆に、「自分はアルコール依存症である」という自覚があり、完治に向けて努力する方にとっては「心身を改善するための、ありがたい場所」となります。

そんな施設において、僕たちはアルコール（煩悩）から離れる治療をするわけですが、ところでこの「煩悩」とは、具体的にはどういうものなのでしょうか。

まずは、その意味を辞書で調べてみました。

ぼんのう【煩悩】

仏教の教義の一つで、心身を乱し悩ませ、智慧《ちえ》を妨げる心のはたらきをいう。

ね。この説明、まさに「アルコール」と同じでしょ？

「心身を乱し悩ませ、思考・理性・健康を妨げる」ものですから。

そこまで仏教に詳しくなくても、聞いたことぐらいはありますよね？

「煩悩」って。

「私たち人間は、この『煩悩』に執着していることで、自ら『苦』をつくり出している」というのが、仏教の基本教義です。ちなみに同じく仏教で使われる、こんな用語……。

げだつ【解脱】
悩みや迷いなど煩悩の束縛から解き放たれて、自由の境地に到達すること。悟ること。涅槃《ねはん》。
輪廻《りんね》転生の迷いの境界から脱すること。

この言葉も、「アルコール依存症患者の体からアルコールがきれいサッパリ抜けた状態」ととらえるとわかりやすいですよね。

『解脱』という字面も、心なしか「体内のアルコールが分解され、体外へ排出され、しっかりとアルコールが抜けた」みたいなイメージで見えてきませんか？

泥酔状態（私たちの通常認識）から見たら、シラフ（悟り）状態は、なんと清々しいことか。体も頭もスッキリサッパリ。まさに解脱は、「アルコールから解き放たれた、自由の境地」「厚生施設・病院から退院すること」です。

では、僕たちはふだん、どのようなお酒を摂取しているのでしょうか。

今度はこの「煩悩」を「アルコール」改め「お酒」と訳してみたいと思います。

世の中を見回しますと、世界中に把握できないほどたくさんの種類のお酒が存在します。

ビールに日本酒、ワイン、焼酎《しょうちゅう》、テキーラ、カクテル、ブランデー……。

一口に「ビール」といってもキリン、サッポロ、アサヒにオリオン。コロナにギネスにバドワイザー。

細分化していったらキリがないですよね。

お酒にたくさんの種類があるように、「煩悩」もまた数え切れないほどの種類があるんです。

『お酒』は大きく分けると「醸造酒」「蒸留酒」「混成酒」の三種類。

こんな感じで『煩悩』を大きく分けると「貪欲《とんよく》」「瞋恚《しんに》」「愚痴」の三種類、となります。

この三つ、仏教ではあわせて「三毒」と呼ばれ、人間の諸悪の根源とされています。

この「三毒」に「慢《まん》」「見《けん》」「疑《ぎ》」を加えると『六大煩悩』と呼ばれます。

では続いて、この『六大煩悩』の中身をそれぞれ確認していきましょう。

とんよく【貪欲】
はてしなく貪《むさぼ》り求める心。我愛。
我（近代哲学でいう〝自我〟に近い）を実体的なものとして把握してしまう誤りから起こる。

しんに・しんい【瞋恚】
怒りの心。怒り・憎しみ・恨みなどの憎悪の感情。

ぐち【愚痴】
物事の道理・理《ことわり》に暗い心。無明。
物事を正しく認識したり判断したりできないこと。愚かであること。

まん【慢】

（他人と比較して）思い上がる心。卑下する心。傲慢《ごうまん》。

けん【見】

誤った見解。

ぎ【疑】

真理への疑い。

煩悩は、これらの六大煩悩をさらに細分化して「百八」に。それをさらに細分化すると「約六万四千」に。それをまたさらに……とやっていくと、まさに「お酒の種類」のごとく、キリがなくなります。

なので、これらを一つひとつ説明するのはやめときます。

と、いうのもね、あれこれ細かく説明したところで、「黒ラベル」だろうと「ラガー」だろうと、どっちでも「ビールはビール」じゃん、「ビール」

でも「焼酎」でも、どっちだろうと「お酒はお酒」じゃん、ってなことと同じわけですよ。

細かいことを考えすぎる必要はありません。わざわざ「みりんは〝お酒〟ととらえればいいの？　それとも〝調味料〟？」なんて細かいことにとらわれていないで、「あ、これは明らかに〝お酒〟だよね」ってものからとらないようにすりゃいいんです。

「これってきっと体や心に悪いよね」って、わかるものから、やめていく。

たとえばね……。

○貪らない。

ちょっと食べれば満足できるのに、わざわざ「メガ○○○」にチャレンジすることないじゃん。

情報化社会に惑わされない。その情報、本当にあなたにとって必要な情報ですか？

○怒らない。恨まない。

小さいことにイチイチクレームつける必要はないよね。何かあってもよっぱらいの失態だと思って笑っているほうがよほど大人です。

（ただし「怒る」と「叱《しか》る」は混同しないよう）

○人を見た目だけで判断しない。

自分だってよっぱらってるんだから、他人の「ありのまま」が見えているはずがありません。

相手もよっぱらいです。シラフでは別人のはず。

○思い上がらない。

人と自分を比較しない。
よっぱらい同士が競ったところで、どの道同じよっぱらい。

○いいことを考える。
あの人が喜んでくれるのはどんなことだろう？
あの人をどうやってほめよう？
いま、誰かのために自分ができることは？
いま、自分のために自分ができることは？
そうやって、よいことを考えていれば、その間は悪いことを考えずにすみます。
※お茶を飲んでる間は、お酒は飲めません。

○酒・タバコ・ドラッグなどをやめる。
どう考えたって明らかに体・精神に悪いじゃん。

（これらと決別するためには、実は「意志」や「努力」は必要ありません。必要なのは「自分にとって必要なものではない」という「理解」だけです）

○自分の執着・依存に気づく。

一週間接触を絶つことが我慢できないもの。それがあなたの依存対象です。（ここに家族や本能的欲求を持ち出す人がいますが、それらはとりあえずおいときましょう）

大切なのは「依存対象に気づくこと」です。それらを無理に解消しようとする必要はありません。

まずは、何に依存しているかを見つけ、自覚することに専念してみましょう。

○小さなことにクヨクヨしない。

あなたが何かと悩むのは、単によっぱらっているからです。

酔いが覚めれば、その悩みはなくなります。
「悩み」はアルコール（煩悩）の一種。
ですから、悩めば悩むほど、ますます酔いが回ってしまいます。

○瞑想《めいそう》を始めてみる。

瞑想は、アルコール（煩悩）摂取を一定時間やめるという時間の使い方です。

作法うんぬんにはあまりこだわらず、とりあえず何も考えずに「ぼけ～」っとリラックスすることから始めてみましょう。

いままで一時も休むことなく飲みつづけていたアルコール。

数分やめてみるだけでも肝臓は喜びます。

僕たち人間が自分勝手な欲望にまみれ、私利私欲を追求し、煩悩三昧《ざんまい》の生活を送ることは、いわば「病院で酒盛り」をしているのと同じことです。お酒をやめるために入院したのに、そこで「酒が飲める飲めるぞ～♪　酒が飲めるぞ～♪」ってワイワイやってるんです。

そりゃドクター（守護霊）もいい加減あきれるって話ですよ。

さて、そんなあきれ顔のドクターでも、患者のことを本当に大切に思ってくれています。だからこそ、ベッドに縛りつけて無理やりお酒を飲ませなくするなんてことはしたいと思っていません。できるだけ、自主的にお酒から離れてくれることを望んでいます。無理にやめさせても、その反動で「飲みたい欲」がますます出てしまうことを知っているから。

でね。実は、ドクターは患者を酔いから覚めさせるための「ウコンの力」をもっているんです。

でも……そう簡単にはその「ウコンの力」、飲ませてはもらえません。

と言いますのも……。

担当医「これ飲む以前にさ、まずはお酒自体を控えてよ。お酒と一緒に飲まれても効かないんだよね。ましてや何度も渡してたら、ますます効かなくなっちゃうし」

だからね、ずーっと、患者が自主的にお酒を控えてくれるのを待って、「ウコンの力」を渡すタイミングをうかがっているんです。

患者「あー……飲みすぎて具合悪ぃ……。せんせ〜ぃ、『ウコンの力』飲ませてよぅ」

担当医「いまこれ渡しても、二日酔い治ったらまた酒飲み出すだろ? だから、まだあげない」

患者「先生、そんな意地悪言わないで! どうか! どうかこの悪酔ぃ(苦しみ)から救ってください!」

そうお願いしても、ドクターは……。

担当医「だからさ、二日酔いがイヤならお酒飲むのやめなさいって」

って言うんです。当たり前ですよね。

それなのに僕たちったら「ちょ〜だ〜ぃょぉ……『ウコンの力〜』……。どうしてくれないの〜！　このままじゃお酒飲みつづけられないじゃ〜ん！」なんてバカなことを言い出す始末。

担当医「お酒で苦しんでるのに、まだ飲みたいって……何だそれ？　わけわからんわ」

そんなこんながありまして、僕の場合、懲りずにずーっと飲みつづけ、数度にわたってオーバードーズを起こしてしまったんです。

オーバードーズ【overdose】

化学物質（多くの場合、薬品やいわゆるドラッグ）を、生体のホメオスタシスがそこなわれるほど多量にまたは集中的に摂取すること。深刻な症状を引き起こし、死亡する場合もある。本質的には生体における毒の作用の一例である。「薬の多量摂取」を意味する。

煩悩の多量摂取。つまり、自業自得の「地獄」を経験したんです。そんなさなかに娘も生まれ、「あ、このままじゃ本当にやばい……」ってなりましてね、そこで初めて「ごめんなさい……もう懲り懲りです。本気で禁酒始めます……。先生、よろしくお願いいたします……」って観念したんです。

と、いうことで、「ウコンの力」を受け取れるのは、「ある程度準備ができてから」ということになります。その日のためにいまできることは、とりあえず自主的に禁酒をしておくこと、しかありません。

(*￣m￣) ﾌﾟｯ

って、笑ってるんですよ……。

(￣っ￣) ﾑｩ 「何がおかしいのさ！」

(￣ー￣) 「そのうなぎが『自分』なら、誰がうなぎを捕まえようとしてるんだ?」

Σ(￣ε￣;|||・・・ 「誰だ……」

「うなぎ」

やっと見つけた「自分」がね、スルリと逃げるんですよ。

ふと気を抜いたら、「いままで（過去）」に逆戻りしている。

自分を「見失う」。

で、また探すの。

見つかって、
「やった！　捕まえた！！」 (*￣∀￣)---- C＜o≧口≦) o_...

って思っても、

また、すぐにスルリと逃げやがる……。

なんだか、そんなことの繰り返し。

ヾ(*｀Д´*)ノ" 「畜生！　うなぎみたいなヤツだ！！」

って、イライラしてたらね、

雲さんが

第10章

自我と真我

「精神世界」や「宗教」と呼ばれるモノで語られている内容が何かとわかりづらかったり、偏見の眼差《まなざ》しでとらえられることになっている理由の一つが、『矛盾』なのだと思います。

聞けば聞くほど、そこに『矛盾』が生まれていく。それが、何とも理解しがたい。

たとえばね、精神世界に詳しい自称スピリチュアリストのAさんはこう言います。

「あなたはそのままで完全・完璧《かんぺき》な存在です。あなたはあなたのままでいいのです。ですから、他の何者かになろうなんて、そんな努力は必要ないのです。さぁ、ありのままのあなたを受け入れましょう。それこそが、幸福への道です」

仏教やキリスト教などに詳しい自称宗教家のBさんはこう言います。

「人間は、不完全な生き物です。釈迦《しやか》はそれを〝苦〟と表現し、イエスは〝原罪〟と表現しました。人間は不完全な存在ゆえ、ほうっておくと不幸になっていくのです。不完全であるがゆえ、世界はこんなに多くの問題を抱え、混乱してしまっているのです。だからこそ、一人ひとりの精神修行が大切なのです」

この話を聞いて、精神世界・宗教初心者のCさんは、わけがわからなくなってしまいました。

「これまで精神世界にも宗教にも関心はなかったのですが、自分自身、どこか〝このままではいけない〟という思いや、〝もっと幸せになりたい〟という気持ちがあったので勉強してみることにしました。そこで、精神世界に詳しいAさんと宗教に詳しいBさんに、どうすれば幸せになれるのかと相談してみたのですが、よけいどうしたらいいのかわからなくなっちゃったんです。Aさんは、人間は完璧な存在だから、そのままでいいのだと言っています。

一方Bさんは、人間は不完全な存在だから、精神修行が必要だと言っています。お話をうかがうと、どちらも〝なるほど〟とうなずけることを話してくれます。だから、よけいにわからなくなるんです。どちらも真実を突いているように見えるのですが、結局のところ、どっちが本当なんですか？　私はこの先どちらの話を信じればいいんですか？　私は、このままでいいの？　それとも、やっぱり何か修行をしないと幸せになれないの？」

宗教・スピリチュアリズム・成功哲学・引き寄せの法則・その他もろもろ……、いろいろな本を読んでみたけれど、勉強すればするほどよけいこんがらがっちゃってわけがわからない。

「んもぉぉぉ！　私の幸せって、結局どこにあるのぉぉぉ⁉」

そんなCさんの様子を見て、宗教や精神世界を毛嫌いしているDさんが忠告します。

「フン。これだから精神世界や宗教ってのは信用できないんだ。いいことを言っているつもりでも、結局そうやって不幸な人を増やしたり、混乱を助長してしまっているじゃないか。まぁ、そうやってパニックになった人間を客として一稼ぎするのが宗教や精神世界というビジネスのやり方なんだろうけどさ。

だから良識人は宗教や精神世界なんかにはまらないものだよ。Cさんもどっぷり洗脳される前に早く目を覚ましたほうがいい。宗教も精神世界も、結局は不幸な人のたまり場、お互いの傷のなめあいをしているだけなんだから。幸せになりたいと言うのなら、まずはそういう不幸な人が集う場から離れるのが賢明だと思うけどね」

……。

どうです？　結構ありがちな状況をとらえていると思うんだけど。

何を隠そうこの僕も、勉強してるうちにCさんと同じ状態に陥っちゃったときがありましてね。雲さんに助けを求めたことがあるんです。

「ねぇ雲さん、この矛盾って、どう理解すればいいの？」

実はね、AさんもBさんも、同じ話をしているんだ。一見矛盾しているように見えるけど、両者がCさんに伝えたがっている内容は同じことなんだよ。

「マジで？」

うん。マジで。

じゃあAさん、Bさんのお話を振り返ってみよう。

自称スピリチュアリストAさんは「あなたは完全・完璧な存在です。ありのままのあなたを受け入れましょう」と言った。

自称宗教家のBさんは「人間は不完全。だからこそ、一人ひとりの精神修行が大切なのです」と言った。

この両者のお話を平面的にとらえると、たしかにまったく逆のことを話しているように思える。おまえの混乱は、まさにこの「平面的な物事のとらえ方」によって生まれたんだ。

本当は同じことを話しているということを理解するためには、物事を平面ではなく立体的にとらえることが必要なんだが……。

よし、まずは最初に、この「物事のとらえ方」について説明しよう。

ある日のこと。カツオ君（仮名）とワカメちゃん（仮名）とタラちゃん（仮名）の三人が、人生について語り合っていた。

カツオ君はこう言った。

「人生は、とても素晴らしいものだよ。だって、僕はいつもやさしい人に囲まれ、環境にも恵まれ、体験する出来事にはいつも発見があり、とても楽しい。人生は、僕をやさしく包む愛のようだ。だから、人生を形で表すなら、〝丸〟だね！」

　ワカメちゃんはこう言った。

「お兄ちゃん、それは違うわ。人生は、つらく過酷なものだと思う。だって、私はいつも私を攻撃する人に囲まれているし、環境にも恵まれていないし、体験する出来事にはいつも苦渋があって、とても苦しい。人生は、まるで私を突き刺す針のよう。だから、人生を形で表すなら、〝三角〟よ」

　タラちゃんはこう言った。

「カツオお兄ちゃんもワカメお姉ちゃんも視野が狭いです～。二人とも人生の一部しか見ていないですよ。人生には、楽しいことも、つらいことも、両方あるんです♪　だから、人生を形で表すなら、丸い部分も、とがった部分もあるから〝扇形〟です」

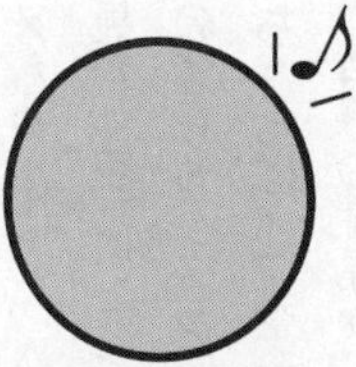

カツオ君の人生観

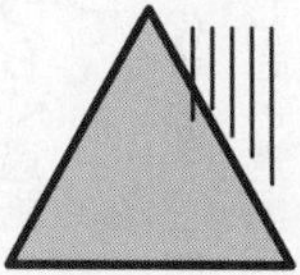

ワカメちゃんの人生観

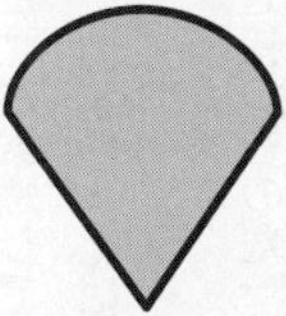

タラちゃんの人生観

さて、この三人の論争の中に、はたして「正解」はあるだろうか？

カツオ君は、「人生は楽しいものだ」と実感しているため、自分の意見が「正しい」と思っている。だから、カツオ君にとっては、ワカメちゃんの意見も、タラちゃんの意見も「間違い」だ。

ワカメちゃんは、「人生はつらく過酷なものだ」と実感しているため、自分の意見が「正しい」と思っている。だから、ワカメちゃんにとっては、カツオ君の意見も、タラちゃんの意見も「間違い」だ。

タラちゃんは、「人生は楽しさと過酷さを併せ持つものだ」と実感しているため、自分の意見が「正しい」と思っている。だから、タラちゃんにとっては、カツオ君の意見も、ワカメちゃんの意見も「間違い」だ。

このままの状態では、これ以上討論を続けても、三人の意見は平行線をたどるだけだよね。

と、そこにサザエさん（仮名）がやってきて、こう言ったんだ。

「三人とも、もっと視野を広げてごらんなさいよ」

そこで「丸」を見ていたカツオ君は、視野を広げるため、一歩下がって遠くから見直してみた。

でも、一歩下がって視野が広がっても「丸」は「丸」のまま。

「三角」を見ていたワカメちゃんが、視野を広げるため、一歩下がって遠くから見直してみた。

でも、一歩下がって視野が広がっても「三角」は「三角」のまま。

「扇形」を見ていたタラちゃんが、視野を広げるため、一歩下がって遠くから見直してみた。

でも、一歩下がって視野が広がっても「扇形」は「扇形」のまま。

……う~ん。困った。視野を広げても、自分の見ていたものが変わらなかったので、三人は、ますます自分の「思い」を「確信」してしまった。

と、今度はそこにマスオさん(仮名)がやってきたんだ。

「どうしたんだい? サザエ」

「あ、あなた、ちょっと聞いて……」

「なるほど。カツオ君たちの意見が食い違っているんだね。じゃあ、こういうのはどうだい?」

そこでマスオさんは三人に『別な角度から見直してごらんよ』とアドバイスしたんだ。

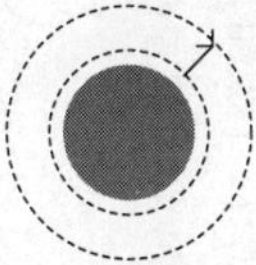

ほら、
丸じゃないか！

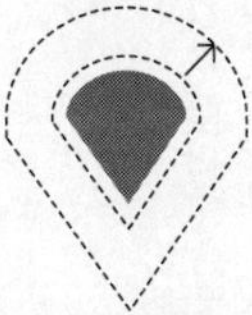

やっぱり
扇形です～♪

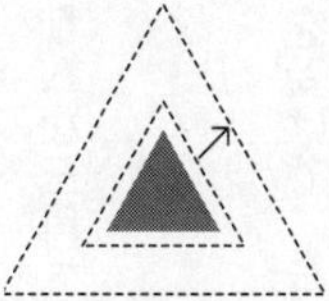

ね、
三角は三角よ…。

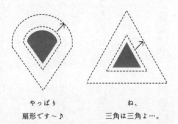

「丸」を見ていたカツオ君がアドバイスを受けて、右斜め四五度から見直してみた。

でも、見る角度を変えても「丸」は「楕円《だえん》」に見えるだけで、「三角」にも、「扇形」にもならない。

「三角」を見ていたワカメちゃんがアドバイスを受けて、右斜め四五度から見直してみた。

でも、見る角度を変えても「三角」は「スリムな三角」に見えるだけで、「丸」にも、「扇形」にもならない。

「扇形」を見ていたタラちゃんがアドバイスを受けて、右斜め四五度から見直してみた。

でも、見る角度を変えても「扇形」は「スリムな扇形」に見えるだけで、「丸」にも、「三角」にもならない。

あらら。どうしよう。

三人はますます頑《かたく》なに「自分の意見に間違いはない」と思ってしまった。

マスオさんもすっかり困り果ててしまったそのとき、玄関先に一人の客人が。

ガラガラガラ……。

「ごめんくださいぃぃぃ～」

「こ、この声は……アナゴ君っ！　ちょうどよかった。知恵を貸してくれ～」

「やぁマスオ君。近くに来たんでね、ちょっと寄ってみたんだぁ。あれ？　どうしたんです、みなさんおそろいでぇ。え？　カツオ君たちがぁ……ふむふむ、なるほどぉ」

そんなこんなで、今度はアナゴさんがアドバイスすることになったんだ。

「いいかい、君たちはぁ、物事を〝平面的〟にとらえているんだぁ。自分の主観以外の可能性を認めずぅ、自分の考えに執着してしまうからぁ、意見が食い違ってしまうんだよ。物事はぁ〝立体的〟に考えたほうがいぃ〜」

「次元を上げる？」

「うん。カツオ君もぉ、ワカメちゃんもぉ、タラちゃんもぉ、三人とも形を〝丸・三角・扇形〟という〝二次元〟でとらえていたんだぁ。だからほらぁ、お互いの意見を頭から否定せず、尊重しあって次元を上げてごらん」

……って、まぁ、こういうたとえ話なんだけどね。つかめたかい？

「うわぁぁぁぁ！　すげぇ！　アナゴさんすげぇぇぇぇぇ！」

このとらえ方をもって、最初の話に戻るとしよう。

コレを
どうやって
見るかね。

自称スピリチュアリストAさんは「あなたは完全・完璧な存在です。ありのままのあなたを受け入れましょう」と言った。

自称宗教家のBさんは「人間は不完全。だからこそ、一人ひとりの精神修行が大切なのです」と言った。

この両者は、同じことを別な角度でとらえて説明しているんだよ。だから、その言葉の表面的な部分だけを取り出すと矛盾しているように感じてしまうんだ。

おまえがこの話を理解できないでいたのは、Aさん、Bさんの話の「主語が違う」ことに気づいていなかったから。

Aさんは「あなた」という単語に「存在の本質（精神世界では〝真我〟などといわれるね）」という意味をもたせて話をしていた。

Bさんは「人間」という単語に「幻想の自分（精神世界では〝自我〟などといわれるね）」という意味をもたせていた。

主語が違っているから、真逆のアプローチになっていたんだよ。アプローチの仕方は違うけど、両者が伝えたかったメッセージはただ一つ。

それは「あなたはまだ、本当の自分に気づいていない」ということ。

さてここで、さっきまで「平面的」であった両者の話を「立体的」に解釈するため、次元を上げてみよう。

まずは、両者の話を簡単に組み合わせるとこうなる。

『人間という存在は、完璧だけど不完全』

これが、真実だ。


「そうは言われても、やっぱり言葉に矛盾を感じてしまいます。『完璧だけど不完全』じゃ、意味をなさないじゃないですか」


気持ちはわかるよ。でも「完璧だけど不完全」でいいんだ。それはね、こういうことなんだよ。「不完全」という言葉の理解の仕方にあるんだ。

「不完全」という言葉には、二つの意味がある。

一つは、「完全でないこと」。もう一つは、「必要なモノが欠けていて不十分であること」。

Bさんは、「完全でないこと」の意味で「不完全」という言葉を使用したんだ。

一方おまえは、「必要なモノが欠けていて不十分であること」の意味で解釈している。

この、言葉の意味の食い違いが、理解を妨げているんだ。

Bさんは「あなたには何かが欠けている」とは言っているつもりはない。

「あなた本来の完全性を妨げているモノがある」と言っているんだ。

それを図にするとこんな感じ。

どうだろう、これでAさんとBさんが同じ話をしているという意味が見えてきただろうか。

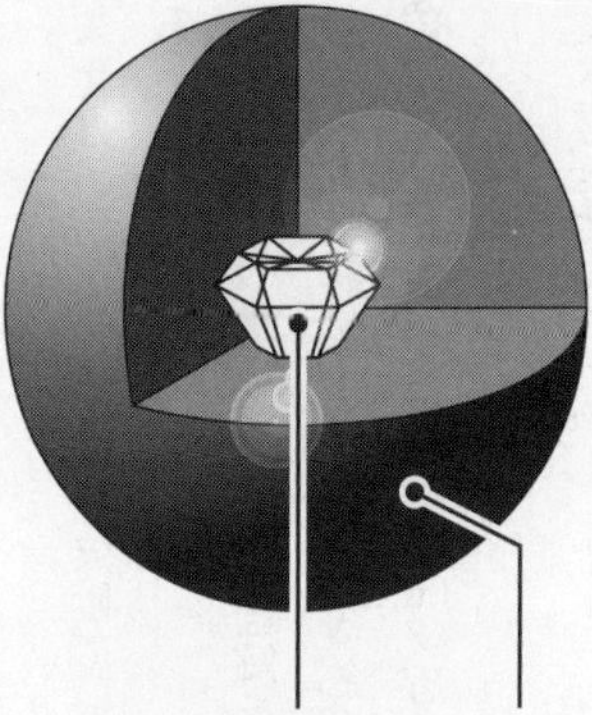
エゴ・自我（幻想の自分）
その正体は「固定化された思考」
さまざまな思い癖の集積。
真我（本当の自分）
命という存在そのもの。ありのままの姿。
エゴ（固定化された思考）の壁に阻まれ、
その輝きを発揮できない。

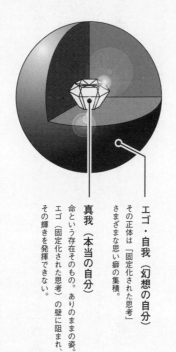

これを踏まえて先のAさんとBさんの話をあらためて統合し、一つに文章化してみよう。

「あなたという存在の本質は完全・完璧なものです。あなたはあなたのままでいいのです。ですから、他の何者かになろうなんて、エゴを肥大化させるような努力は必要ないのです。さぁ、ありのままの状態（真我）を発見しましょう。あなたがこれまで苦しんできたのは、また、何かしらの不満を抱えていたのは、その人生に何かが欠けていたからではありません。幻想の自分（固定化された思考）に飲み込まれ、本来の完全性を発揮できていなかったからなのです。あなたが幻想の自分から離れ、ありのままの状態であるために精神修行が必要となるのです。〝必要となる〟といっても、それは物質や新たな知識を得ることではありません。完全性を妨げているモノを手放していくことなんです」

とまぁ、こんな感じになるんだな。

簡単に要約すれば「存在本来の完全性が存分に発揮できるよう、まずはその完全性を妨げているモノがあることに気づきましょう」というのが、精神世界や宗教で語られている前提なんだ。

でね、ここで気をつけなきゃいけないのが、この前提を理解できていない「にわか精神世界」「エセ宗教」の類《たぐ》いの存在。

それらは真我の本当の意味を理解・体験できていないため、それらの語りは、「不安」や「恐れ」を原動力として活動する自我（エゴ）観点からの平面的なモノとなってしまっている。

さっき説明したような「立体的な解釈」ができていないから、その論法は「あなたには、また、あなたの人生には〇〇が欠けています」という観点からの〝脅し〟になってしまっているんだ。

「あなたが幸せになれないのは信心が足りないからです。その欠落を補うために、仏様を、イエス様を、あれやこれやを拝みなさい」だととか、「あなたが不幸なのは感謝が足りないからです。その穴を埋めるために、ありがとうと唱えなさい」とか、「あなたに不運がつきまとうのは、先祖供養に問題があるからです。その欠陥を修復するために、お線香は三本立てるようになさい」とか……。

要は不安や苦しみを補うための何かを「付け加えよう」とするんだ。

こういったおかしな論法に巻き込まれてしまう人は少なくない。人間に深く根づいている固定化された思考パターン、つまり自我（エゴ）が「いつも恐れを感じている」という特性をもっているから、多くの人（の自我）は「欠陥・欠落を埋めてあげますよ」という方法論が大好きなんだ。

とくに、人を苦しみから解放することではなく、ビジネスが目的となってしまっている宗教は、真我の発見を手伝うことではなく、このような自我（エゴ）が喜ぶあれこれ（物質や環境だけに限らず、知識や思想、習慣など）を与えるという手法を用いる。簡単にお金を落としていってくれるのは、真我（智慧《ちえ》）ではなく、自我（無知）のほうだから。

また、お金とは別に、教祖や霊能者、チャネラーなどといった「特別な能力・才能をもつ、特別な存在」という優越的な肩書き、名声を抱えたがるのも、自我（エゴ）の力だ。

本当に真我を発見できた人は、「自分は何者でもなかった」ことに気づく。だから、たとえそのような能力や才能があろうとも、それを押しつけたり、ひけらかすようなことはしない。

「私の霊視によりますと……」だとか「私には特殊なリーディング能力があります。今日は時間があるので、特別に観《み》てしんぜましょう」などと〝人とは違う特殊能力〟を自分からアピールし、頼みもしないのに強制的に話を進めていく人の話は、「あ、この人のエゴが、満足しようと頑張っているな」ぐらいに聞き流していたほうが賢明だね。

さて、偽宗教批判はこれぐらいにして、ここから先は、この「自我・真我」の話をもう少し続けよう。まずは、さっき示した模式図を再確認してみよう。

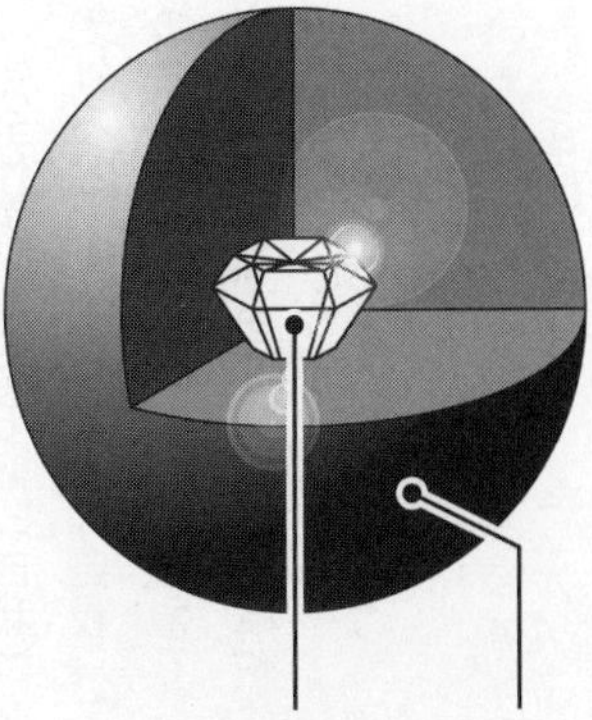
エゴ・自我（幻想の自分）
その正体は「固定化された思考」
さまざまな思い癖の集積。
真我（本当の自分）
命という存在そのもの。ありのままの姿。
エゴ（固定化された思考）の壁に阻まれ、
その輝きを発揮できない。

話をわかりやすく伝えるためにこの図を示したが、実は、この図には明らかな間違い（精神世界・宗教の混乱を招く原因の一つ）が含まれている。

この図を見てから、そこに「ありのままの状態（真我）を発見しましょう」とか「完全性を妨げるモノ（自我）を手放していくことなんです」という説明を受けると、どうしても「自我（エゴ）を消すことによって、真我が現れる」つまり「真我がある」と考えてしまいがちだ。

実は、この「真我がある」という解釈に、すでに混乱の原因（自我の罠《わな》・自我のサバイバル作戦）があるんだ。

「？・？・？」

さらに話を進めよう。

「自我」とはこれまで説明してきたとおり、「固定化された思考・思い癖」がつくり上げげた偽りの個性。自分の意思から離れ、無意識のうちに一人歩きし出す思考パターンのことだ。

実際に、数分でも思考を止めるということにチャレンジしてみるといい。自分の「思考を止めよう」という意思に逆らい、決して止まろうとしない〝思考〟があることに気づけるはずだ。言葉を口にすることはなくても、頭の中では四六時中なにがしかのひとり言が繰り返されている。

自分自身が自覚していない、無意識に繰り返される思考ゆえ、おまえは思考が止まらずにいることすら忘れてしまっている。

それこそが〝自分〟という仮面をつけて、一人歩きしている自我（エゴ）だ。おまえはいつの間にか、自分の意思を離れ自動的に繰り返される、この思考パターンのことを、〝自分〟だと思い込んでしまったんだ。そして、いまやおまえは本来の自分の姿を見失い、その思考パターンに人生の主導権を握られている。

もしおまえに主導権があるのなら、自分の意思において、その思考を止めることが可能なはずだ。それができないということこそが、おまえが思考に飲み込まれている証拠だよ。

状況に応じて展開される自動プログラム（思考パターン）。それが算出した反応が、考えや感情として表れているだけなんだ。

その考えや、付随する感情は、本当のおまえの考え（智慧）ではなく、自我の考え「マインド」だ（自我がつくり出す思考。そのことを精神世界では「マインド」と呼び、「本来の知性」との差別化をしています）。

とはいえ、この〝思考〟は、止めようと思っても止めることはできない。どんなに頑張ってもできない。なぜなら、「思考を止めよう」という思いそのものが、やはり〝思考〟だからだ。

結論を先に言ってしまうと、残念ながら自分の存在の本質は、何者でもない。特別さなど、どこにもない。それが真実だ。

その真実を認めようとせず、「個」というパーソナリティ・アイデンティティを確立したがるのが「自我（エゴ）」だ。

必死に「何者かになろう」と、その方法を模索し「存在全体からの分離」を望むのが自我の最大特性。

しかし、もともとが「何者でもない存在」なんだから、どうあがいても「何者か」になることはできない。

この不可能なことにチャレンジしつづける「空回り」こそが、釈迦の言う「ドゥッカ（苦）」や、イエスが説く「原罪（的外れ）」だ。

何者かになろうと頑張れば頑張るほど自我（エゴ）が拡大し、自らを、また、周囲を苦しめる結果となる。

自我は、「自分（個性・アイデンティティ）」を存続させておくためなら、どんなことでもする。どんな手を使ってでも「個」でありつづけようとするんだ。決して「全体（何者でもない、存在本来の姿）」へ溶け込もうとはしない。

なぜなら、全体へ溶け込み「個」でなくなるということが、「自我の死（消滅）」を意味するから。自分が幻想であることに気づいていない幻想が、夢から覚めることを恐れているんだ。

『真我がある』という錯覚は、そんな自我が生き残りをかけたサバイバル作戦の一つでね。

これを踏まえて、先ほどの文章と模式図を確認してみよう。

「あなたという存在の本質は完全・完璧なものです。あなたはあなたのままでいいのです。ですから、他の何者かになろうなんて、エゴを肥大化させるような努力は必要ないのです。さぁ、ありのままの状態（真我）を発見しましょう。あなたがこれまで苦しんできたのは、また、何かしらの不満を抱えていたのは、その人生に何かが欠けていたからではありません。幻想の自分（固定化された思考）に飲み込まれ、本来の完全性を発揮できていなかったからなのです。あなたが幻想の自分から離れ、ありのままの状態であるために精神修行が必要となるのです。〝必要となる〟といっても、それは物質や新たな知識を得ることではありません。完全性を妨げるモノを手放していくことなんです」

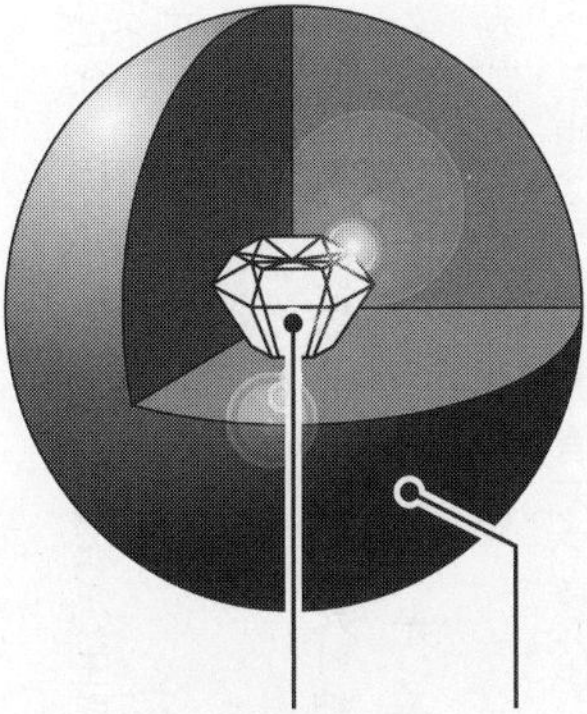
エゴ・自我（幻想の自分）
その正体は「固定化された思考」
さまざまな思い癖の集積。
真我（本当の自分）
命という存在そのもの。ありのままの姿。
エゴ（固定化された思考）の壁に阻まれ、
その輝きを発揮できない。

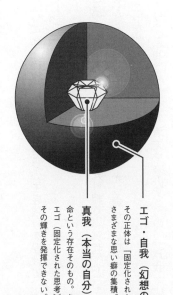

この文章は真実を指し示しているが、模式図はこの文章を歪曲《わいきょく》して解釈した「自我目線での模式図」なんだ。

「自我が消失すれば、真我を発見できる」

このことを、自我（思考）は自らの生き残りをかけて、次のようにアウトプットした。

「自分の内側奥深くには、私本来の光り輝く〝真我〟という姿がある」

これなら、自我が消えてもなお「光り輝く個性」、つまり「真我」という名の「何か」を残すことができる。

つまり、自我は「個」の消失を避けるため、「真我」に何らかの新しい「定義」をもたせ、そこに「個としての性質（自我）」を継承させた。

この「何か」のことを人は「魂」と呼んでみたり、「霊」と言ってみたり、「心」と名づけてみたり、「意識体」などと解釈したりする。どんな名称であ

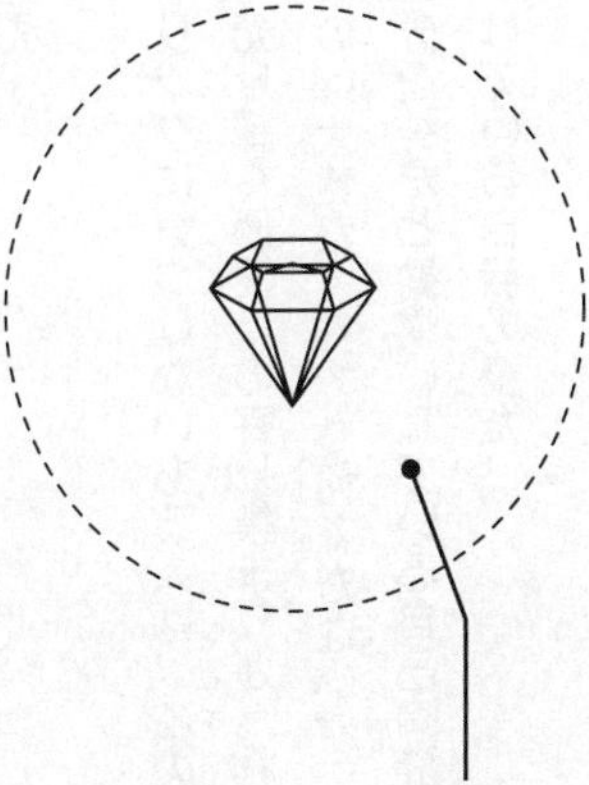

自我がなくなると……

れ、そこに「定義づけ」を行い「個としての性質」を維持させようとするんだ。

でも、「個」である以上、これは「真我」ではなく「真我のふりをした自我」なんだ。

このトリックに気づけないある人は、このように嘯《うそぶ》く。

「この〝光り輝く個性〟の寄り集まりが〝神〟である」

そんなのは大嘘《おおうそ》だ。神でも何でもない。「光り輝く個性」などと自らを美化し、自分を神だと勘違いしている自己陶酔型エゴの塊。いまだ「個」に執着しつづけている自我の姿だ。

繰り返しになるが、存在そのものは、何ものでもない。

それを図にするとこうなる。

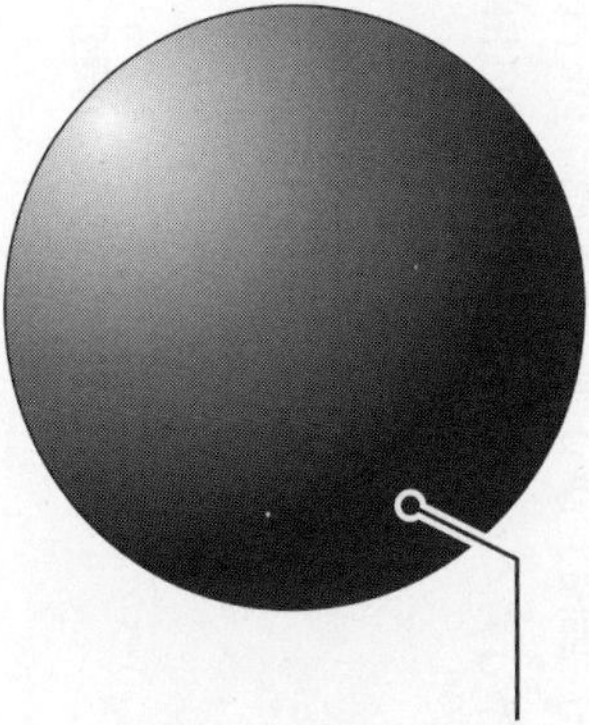

エゴ・自我（幻想の自分）

「個」という概念、
「自分」があるという錯覚があるがゆえ
「恐れ」が生まれた。
自分を守るシールドとして誕生した
ファイアーウォール、
思考による自己防衛。
それが自我という名の壁。

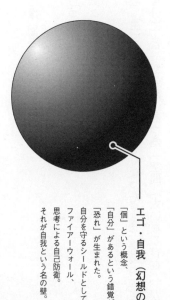

自我（エゴ）は、以前話した「ゴムボール」と同じだ。
〝自分〟を守ろうとして自分でつくり上げた防護壁。
さまざまな思い癖の集積ででき上がった「自」と「他」を分ける分離思考。

その厚い壁の内側にあるのは……。

からっぽ……。
「空《から》」、つまり「空《くう》」だ。

自我（エゴ）という名の壁がなくなったとき、壁の内にあった「空間（本当の自分）」と、壁の外にあった「空間（大いなる存在）」が一つとなり、存在本来の姿（全体）となる。

壁が消えたそのとき、〝幻想の自分〟の内側深くにあったもの、および〝幻想の自分〟を包み込んでいたあらゆるものこそが、本当の自分であったこと、

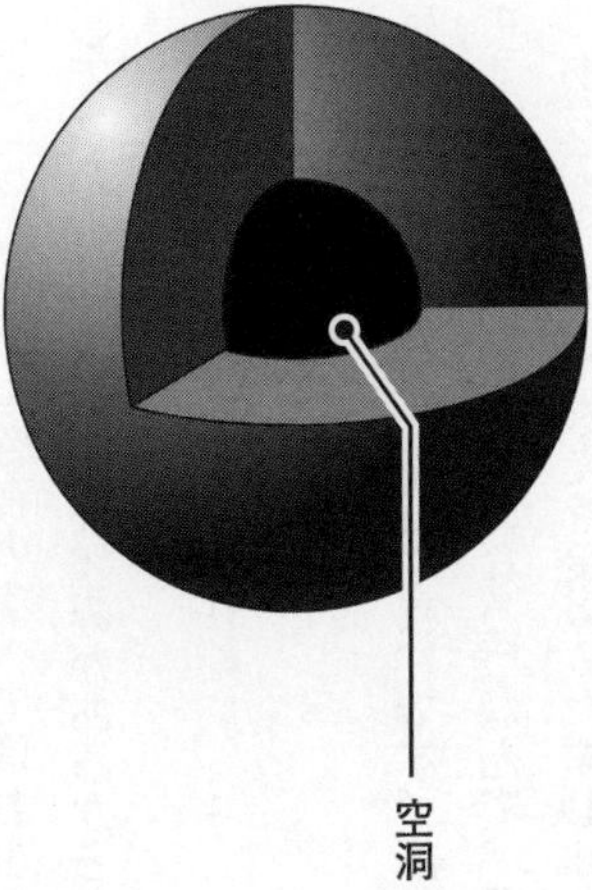
空洞

本来の命の姿であったことに気づき、自分が〝すべて〟であることを知る。〝自分〟の意味が、自我（分離・思考）から真我（統合・宇宙）へ逆転する。
私が何度も「ワンネス（存在のすべてはおまえだ）」とか『私はおまえだ』と話してきたのはこういう仕組みがあるからなんだ。

と、いうことで冒頭に戻ろう。

「あなたはそのままで完全・完璧な存在です。あなたはあなたのままでいいのです。ですから、他の何者かになろうなんて、そんな努力は必要ないのです。さぁ、ありのままのあなたを受け入れましょう。それこそが、幸福への道です」
「人間は、不完全な生き物です。釈迦はそれを〝苦〟と表現し、イエスは

〝原罪〟と表現しました。人間は不完全な存在ゆえ、ほうっておくと不幸になっていくのです。不完全であるがゆえ、世界はこんなに多くの問題を抱え、混乱してしまっているのです。だからこそ、一人ひとりの精神修行が大切なのです」

いこと」が共存することがあるということを、うっかり忘れてしまう。
ぼんやりしていると、ついつい「よいこと」だけしか見えなくなる。

とりあえずは、今一度「自分にとって〝よい〟とは何なのか」を考え直してみると、「わかっちゃいるけど、やめられない」なんていう、変な思考からは解放されるんだろう。

(￣Д￣)「ところで黒斎。おまえのその後先考えない金の使い方はいつまで続くんだ?」

ヾ(`Д´メ)ノ″「わかっているよっ!」←わかっていない模様

「懲りない人」

「わかっちゃいるけど、やめられない」

この言葉の意味するところをたどってみると、「わかっている」ことは「(その対象となる事柄を) やめたほうが、自分にとっていい」ということだ。

ということは、言い換えれば「やめたほうが、自分にとっていいと知っているのだが、やめることができない」というところだろうか。

だとしたら、
「わかっちゃいるけど、やめられない」とは言うけれど、やっぱり、わかっていないんだな。本当に理解できているのなら、とっくにやめているもんな。
「やめていない」ということは、やっぱりどこかで「やめないほうが、自分にとっていい」と思っているからなんだろう。

と、同時に、「やめていないから、自分にとって悪い」とも思っているわけだ。

思いが現実をつくるのであれば、部分的に「自分にとっていい」と思っていても、同時に「自分にとって悪い」と思っている以上、どこかで「悪い結果」を招くのは当然のことだ。

人は、一つの思考・行動の中に、自分にとって「よいこと」と「悪

第11章

マトリックス

それは、怪しげな専門書を読みあさっていたときのお話……。

「ねぇ雲さん。体外離脱って、どうやったらできるようになる？」

何だって？

「いや、魂が体から抜け出たらどんな感じなのかなぁって思ってさ」

……。

「え？　なんで黙っちゃうわけ？　いつものように『体外離脱なんかしてどうするつもりだよ』なんて感じで返されるのかと思っていたんだけど……。

そうやって黙られるとよけい怖いな……」

いや、何と説明したらいいものか……。私が答える前から、おまえはしょっちゅう体から抜け出しているじゃないか。

四六時中、ほとんどが体外離脱状態だよ。

「え？　それ、どういうジョーク？」

ジョークなんか言ってないさ。おまえの生活は、精神と体が一致していないことがほとんどだから、まさに体外離脱状態なんだよ。おまえが幻想世界から抜け出せないかぎり、体外離脱状態はこれからも続くだろうね。

「んん？　それ、どういうことです？」

どういうことって……、そういうことだよ。いつも意識がどこかに飛んじやっててさ、「心ここにあらず」ってヤツだ。

「？？？」

だから、意識が体から離れて「いまではないいつか」に、「ここではないどこか」にいるんだよ。

「？？？」

相変わらず話の通じないヤツだな。

「いや、そう言われても、さっぱり話がみえないよ……」

「心ここにあらず」、この言葉の意味をきちんととらえてくれよ。

いいかい。おまえの体は「いま」「ここ」に存在している。それぐらいはわかるよな。「意識はいまにあるけど、体だけが昨日に取り残されている」だとか、「自分の体が、いま、あそこに存在している」なんてことはありえない。

なのにおまえの思考は常時飛び回り、「いまではないいつか」「ここではないどこか」にいるんだよ。

昨日の出来事を思い出してにやけていたり、未来のことを心配して憂うつになってみたり。

体はいつだって「いまのここ」にしか存在していないのに、気持ちはそこから離れて、「過去や未来」を見ているんだ。体と心がバラバラで一致していない。まさに「離脱」状態なんだよ。

「!」

いいか、大事なことだからよく聞いてくれよ。本当は、「過去」も「未来」もありゃしない。「時の流れ」なんてないんだよ。あるのは、ただ「いま」だけ。「時間」は、実在しない幻想なんだ。

「んんんんんん？？？？？　過去も未来もない？　そんなバカな！」

バカなもんか！　ないものはないんだよ。
信じられないというのなら、いまここで、過去と未来の実在を証明してみなよ。

「そんなの簡単ですよ！」

おお。力強く反論するじゃないか。じゃ、証明を進めてみろよ。

「いいですよ。まずはこれ。さっきコンビニで買ったガム。で、そのときもらったレシートがこれね。それから、この携帯電話に保存してる写真は、先週末に遊びに行ったときの様子です。それから……これはどう？　昨日打ち合わせしたときに使ったプレゼン資料」

で？

「いや、これ以上話さなくても、これらがあることによって、十分〝過去〟の存在が証明できているでしょ？」

これのどこが「過去」の実在を証明していることになるんだよ。

「だから！　さっき買ったガムに、そのガムを過去に購入したことを証明するレシート。そのもっと前、先週末の存在を証明する写真に、昨日打ち合わせしたことを証明する資料だよ」

何言ってんだよ。「過去」なもんか。それらは全部、「いまここ」に存在しているじゃないか。

まさに「いま」目の前にあるものばかりじゃないか。

「んんん？？？？」

いまおまえが証明したつもりで見せたものは「過去」じゃない。そのどれもが「いま・ここ」に存在している「記録」や「記憶」だよ。おまえにとって唯一のリアリティは「いま」だけ。その他はすべて、実在性のない「思考の世界」の話なんだ。

「過去」だけじゃない。「未来」だって同じだ。「予定」も「展望」も「希望」も「シミュレーション」も、それらは全部「いま」存在しているものだ。

読んで字のごとくだよ。「過去」は「過ぎ去った」ということだ。だから、もうない。

「未来」は「未《いま》だ来ない」ということだ。だから、まだない。

実在するリアリティは、いつだって「いま」だけなんだ！　おまえが存在しているのは、いつだって「いま」だけなんだよ！

なのにおまえときたら、その「ない世界」にのめり込んだままで生活を送っている。過去の栄光にしがみつき、未来の心配に明け暮れ、昨日の出来事を後悔し、明日に希望を抱き……。

そうやって唯一の現実である「いま」を置き忘れて、「頭の中の世界」にはまりつづけているんだ。

「……。わかったようなわからんような……。ああ！　頭がこんがらがってきたっ！」

『マトリックス』という映画を見たことがあるだろう？　あの映画のストーリーを覚えているかい？

「『マトリックス』？　どんな映画だったっけ……。

あ、思い出した！　キアヌ・リーブスがイナバウアー状態でピストルの弾をよけて戦うアクション映画！」

そう。それそれ。

「それが、いまの話と何の関係が？」

『マトリックス』はね、まさにその「頭の中の世界」を表しているんだよ。

「どういうこと？」

おまえが生きているのは「現実」じゃない。あの映画と同じように、マトリックスが描き出した「仮想現実」なんだ。あの映画は、ある意味「実話」なんだよ。

「あはははは！　まさか！」

嘘《うそ》なんかじゃないさ。いまのおまえはマトリックスにつながれ、バーチャルリアリティを現実だと思い込んで生きている。おまえが見ているのは「ありのままの世界」じゃない。残念ながら、マトリックスによって書き換えられた「ゆがめられた世界」なんだ。

「……。話が突拍子もなさすぎて、どうしていいんだかわからないよ」

じゃあね、突然だけど……。

「?」

黒斎、おまえは自分の意志で、自分の思考を止めることができるかい?　できるかぎり、何も考えないようにしてほしい。いいかい。じゃあここに座って目を閉じるんだ。よ〜い、スタート!

「え?　え?　何?　いきなりスタート?　いいさ。やってやるよ。思考を止めるだけだろ。そんなの簡単だよ。何も考えなきゃいいんだ。何も考えるな……。何も考えるな……。何も考えるな……。

あれ?　いま、『何も考えるな』って、考えているな……。なんでだ?　いままで考えたことなかったけど、こうやって何も考えないようにしようとしても、思考って止まらないな……。もしかして、思考って止めることができないのか？　止めようって思うのが思考そのものだからな……。う～ん。どうやって止めればいいんだ？……っていうか、雲さんは何のためにこれをやらせたんだろう……。いつまでこうして目をつぶっていればいいのかな……。こんなことしていないで、もっとやらなきゃならないことがあるんじゃないか？　何か、大事なことを忘れていないか？　そんな気がするぞ。何だっけ……。

……あ！　やべぇ、そういえば今朝メールでもらった仕事の依頼、すっかり手をつけるの忘れていたよ！　締め切りいつだったっけ？　前にもあったよなぁ……こういうこと……。そうだよ、あのときはちょっと遅れただけなのに、営業からクソミソに文句言われたんだよなぁ……。あれからだよ、会社のメーラー開くたびになんだか憂うつになるの。あ。なんか脇腹《わきばら》がかゆくなってきた……。ポリポリポリポリ……。あれ？　なんかここにポチッて出来物あるぞ……ポリ……。いたたたたっ……って、そこまで痛いもんじゃないか。さて、何してたんだっけ……。そうそう仕事の締め切りがいつかが思い出せないでいたんだよ……って、そうじゃねぇよ。何も考えないように頑張ってみろって雲さんに言われて目を閉じて座っていたんだ……ってずっと考えっぱなしだなおいっ。考えるな……考えるなって考えてるなってうわぁぁぁぁぁぁ！！」

全然ダメだな（笑）。

「なんでだ……」

な。頭の中のひとり言ってのはすごいもんだろ。おまえはその状態に慣れすぎているから気づいていないけどな、そうやってひとり言の波に飲み込まれて、四六時中つぶやきつづけているんだぞ。

そして、その大半はいま目の前にあるものとは関連のない、過去や未来のことだったり、考えたところで何の意味もなさない、どうでもいいことだったり、終わってしまったことをただただ後悔していたり、抱えている不満や不安、悲しみや怒りを再認識して気分を悪くしていたり。

まぁ、いずれにせよ、たいしたことは考えていないんだよな。

「そう言われると、本当にそうかも……」

映画の冒頭でさ、緑色のプログラム言語が、画面いっぱいに流れるシーンがあっただろ。

「ありましたね。すごい勢いでプログラムが画面を埋め尽くしていって、そのプログラム言語が徐々に世界の情景になっていくの」

振り返ってごらん。おまえの頭の中のひとり言は、まさにあの映像みたいじゃないか。一時も休むことなく流れつづける、言葉の洪水だ。

おまえが存在しているのは、「いま」の「ここ」だ。いま、おまえがしていたのは、目をつぶり、ここに座ることだけだった。

なのに、おまえは「いまのここ（現実）」にある音や薫り、空気感や肌にふれている服の感触などを忘れて、「思考がつくり出した世界（仮想現実）」にリアリティを感じ、その世界に生きていたんだよ。

マトリックスの映画に出てくる「プログラム」は、まさに人間の「思考」だ。

人生の中で培ってきた常識や思い込み、価値観や先入観、不安に希望。それらの思考によって紡がれた絶え間ないひとり言・ストーリーが、そのままマトリックス（仮想現実）となって目の前に現れる。

多くの人間が見ている世界は「あるがままの現実」ではなく、マトリックス（思考プログラムの蓄積）によって脚色された物語、「人生劇場」だ。

おもしろいドラマや映画を見ているとき、ついつい没頭しすぎて完全に物語の中に入り込み、登場人物に感情移入しちゃうことってあるだろ。モニターに流れる映像と音声に引き込まれ、手に汗握ってみたり、鼓動を速めてみたり。はたまた、登場人物と同じ気持ちになって怒ってみたり、笑ってみたり、悲しんでみたり。

あれと同じ状態なんだ。おまえは自分の本当の姿（真我）をすっかり忘れ、人生という物語の中で「自分」というキャラクターを演じているにすぎない。目の前にある状況に、自分本位で意味をつけ、その自分でつけた意味に一喜一憂しているんだ。

「う〜ん……。そうなのかなぁ」

そうなんだって！　そして、そのことに自覚がもてていないからこそ、おまえは不満や苦しみを抱えつづけてしまっているんだよ。

「？　やっぱりよくわからないよ。それじゃあ僕がまるで、自分で自分のことを苦しめてきた加害者みたいじゃないですか」

そのとおりだよ！　おまえはこれまで、自分で自分を苦しめていた加害者なんだ！

「まさか。なんだって好きこのんで自分で自分を苦しめなきゃいけないのさ。僕が苦しんでいたのは、僕のせいじゃない。人生の中に、僕を苦しめる要因があったからだよ。僕はその被害者さ。お釈迦《しゃか》様だって言っていたじゃないですか。『人生は苦だ』って」

違う違う！　おまえはずっと「被害者」を演じていたんだ。悲劇の主人公でいることを望み、目の前にある状況を「僕を苦しめる要因」として意味づけていたんだよ。そのことに気づけないでいることが「苦」なんだ。現実を忘れ、マトリックスにつながれっぱなしで幻想を生きつづけるから「苦」なんだよ。
マトリックスに気づき、仮想現実から離れることができたら、その「苦」から解放されるんだ。本来の世界の姿をゆがみなくとらえることができるんだよ。

「う〜ん……。もう少しわかりやすく説明してくれない？」

じゃあさ、今度は『家なき子』を思い出して。

「『家なき子』？　あの『同情するなら金をくれ』っていう、昔はやったあのドラマ？」

そうそう。その『家なき子』。
酒乱の父（内藤剛志）と病弱な母（田中好子）を両親にもつ不遇な家庭環

境に生きる少女、相沢すず（安達祐実）の苦悩を描いた、ドロドロの悲劇。父に暴行され、家を失い、学校ではいじめられ、犯罪に手を染め……と、それはそれは悲惨な人生をたどる悲劇のヒロイン、相沢すず。

もし、この役を演じていた安達祐実さんが、演技に没頭するあまり、本来の自分をすっかり忘れ、自分のことを「相沢すず」だと思っていたら、大変なことが起こるよね。

ドラマの舞台設定を「現実」だと勘違いしていたら、その思考や行動は、自分の中にある「すず」という人物設定を通して行われることになるから、「すずの苦悩」を「自分の苦悩」として感じ、苦しむことになる。

でも、そんな勘違いをした状況から、「ああ！　私は相沢すず（自我）じゃない！　安達祐実（真我）だったんだ！」と、本来の自分を思い出せば、たとえ同じ舞台に立っているとしても、その苦悩は「架空の物語上で描かれている世界」であることが明確にわかるから、「苦しみ」はなくなり、「苦しんでいるすずを演じている」という自覚だけが残ることになるんだ。

『家なき子』という狭い世界から抜け出て、「ああ！　私が演じられるのは相沢すずだけじゃない！　この役も一時的なもの。過ぎ去っていく運命。私はこの先、『ガラスの仮面』の北島マヤにだって、『ゴーストハンター早紀』の阿部早紀にだって、『大奥』の和宮にだって、『アンパンマン』のドーリィにだってなれるのよ！」と、広大な自由と、安心感を見いだすことができる。「安達祐実（真我）であることを忘れ、相沢すず（自我）として苦しんでいる姿」と「相沢すず（自我）を演じ、苦しみを表現する安達祐実（真我）」は、傍《はた》から見れば同じように見えてしまうが、本人の意識はまったくの別物だ。

ドラマの撮影中は、物語の中での「苦しみ」は相変わらず「苦しみ」のままだが、その性質は、自分が安達祐実であることを思い出す以前・以後ではまったく違うモノになっている。

おまえはまさに、「安達祐実であることを忘れた、相沢すず状態」なんだ。自分の経歴や肩書き、生活環境、人間関係など、自分を取り巻く環境や要素によって「自分」という人物設定を築き上げて自分で脚本を描き、本当の自分を忘れて「その役」を演じている。

「何となくわかってきました……」

人間は日々、マトリックスが見せる仮想現実の中で、独自のドラマを紡いでいる。そのドラマの脚本を書くのも、監督をするのも、主役を演じるのも、観客もすべて「自分（自我）」だ。

「思考」は、自分が思う「自己イメージ（役柄）」に合わせたストーリーを書き上げていく。

たとえば……。

子供がいる男性であれば、「（〇〇な生い立ちで、〇〇を生業《なりわい》としている、〇〇な性格の）父親」という自己イメージ（役柄）に沿って、子供に向かう。

そのとき、監督である「自分（自我）」が、行動の一つひとつに演出を加えるんだ。この「演出」が、ふだん無意識に行っている、「固定化された思考パターン・思い癖」だ。

監督（自我）は言う。

「ここは子供と向かい合うシーンなのだから、声のトーンはふだんよりやさしく、でも〝親〟としての上から目線は忘れないように。語尾には〝でちゅよ〟をつけなさい」

その監督の指示に従って（固定化された思考パターンに基づいて）、「自分」は忠実に演技する。

「〇〇ちゃ～ん。ただいま～。いい子にしてまちたか～？　パパの言うとおりにしないと、ちゃんとした大人になれないでちゅよ～」

そのときその子が、「何それ？　気持ち悪い。そんな子供扱いなんてしないでよ。私はもう大人なんだから」なんて、反抗的な態度を見せたとしたら、監督は黙ってはいない。

チッチッチッ。

「あー、もぅ。ダメダメ〜。君がいくつになろうとも、僕の描いたドラマでは、君はあくまで〝子役〟なんだ。そんな演技は認めないぞ。さ、撮り直しだ。もう勝手なアドリブは許さないからね。僕の描いた脚本どおりに演じなさい」

演出は、他人に向けたものだけではないよ。自分自身の演技に対しても同じことをしているんだ。

「大人の言うことを聞かない子供」という出来事・シチュエーションを前にして、「私は父親役だから、このシチュエーションではこういう感情を出すべきだ。よし、怒ろう」なんて感じでね、子供が行った予想外のアドリブに対しても、迅速に脚本を書き換え、自作自演をするんだ。

マトリックスにつながれたままの人々は、自分だけにとどまらず、他人まで自分の書いたドラマに巻き込み、勝手に相手の役柄・その役柄に合わせた演技指導までしてしまう。

「私はカワイイお嫁さんを演じるわ。だからあなたはステキな旦那《だんな》様を演じてちょうだい」

そんな感じでマトリックス（社会システム）の中で、〝役柄〟を通した人間関係を築いてしまうんだ。あらゆるコミュニケーション不全は、このことが原因となって生まれる。

「自分の描いた脚本どおりにまわりが演技してくれない」

それが、「思いどおりにならない」というストレスに直結してしまう。

でもね、考えてごらん。おまえが描いたドラマの脚本なんて、他の人たちは見たことも聞いたこともないんだ。まして、その脚本は日々書き換えられてしまっている。いくらおまえの書いた脚本が完璧《かんぺき》でも、まわりが思いどおりに動いてくれないほうが「当然」なんだ。おまえのドラマでは自分が主役だが、他人のドラマの中でのおまえは脇役《わきやく》だ。

そのドラマ制作の仕組みに気づいていない、マトリックスにつながれた人は、相手の〝ありのままの姿〟ではなく、自分の描いたキャラクター設定を他人にも押しつけて、自分のドラマを、自分の描いたとおりに完成させようと頑張ってしまう。

そのシステム（ドラマの構造）に気づかないかぎり、彼らの多くはマトリックス（社会システム）に隷属し、それを守るために戦おうとしてしまう。

そう、これまで描きつづけてきた自分のドラマを台無しにしないために。

『マトリックス』で描かれている「エージェント」は、自我がもつ「監督」という一面のことなんだ。

いつも自分や他人の演技を観察・評価しては「こういうときはこうするべきだ、この役柄には、この演技はふさわしくないから、こういうふうに改めねばならない……」と、あれこれと演技指導を始める。

しかも、監督（自我）は「自分」だけではない。日々コミュニケーションを図っている他人の中にも、別な監督がいるんだ。

エージェント（監督）はいつもこう言う。

「マトリックス（ドラマ）の中に帰っておいで。さぁ、演技を続けよう」

アンダーソンが真実にふれることを妨害する「エージェント」。「エージェント」は、マトリックスの真相に気づいてしまった人や、マトリックスから自らを解放しようとする人などを排除しようとしたり、マトリックスから逃れようとする人間をつなぎ止め、真実が明らかにされないよう、仮想現実を「リアル」だと思い込ませる洗脳をしつづける。

劇中、エージェント・スミスは主人公のことを「ネオ」とは呼ばず、「ミスター・アンダーソン」と呼びかけているね。これは、現実世界に目覚めようとするネオに、仮想現実においての役柄「アンダーソン（自我）」を思い出させ、マトリックス（自我がつくり出す人生ドラマの舞台）に戻そうとしているんだ。

「なるほど……。じゃあ、マトリックスにつながれっぱなしになっている僕が、その洗脳から逃れ、現実世界に戻るにはどうしたらいい？　苦しみから解放され、幸せに満たされるにはどうしたらいい？」

何もするな。

「えっ？」

何もしないことだよ。

「いやいやいやいやいや！　何もしなかったら、変わりようがないじゃないですか！」

その発想がもう、エージェント・スミスの罠《わな》なんだよ。

「何ですって？？？」

いいかい。おまえはいつもこう思っている。「幸せになるためには、何かをなさなければならない」と。

しかしそれはエージェントが仕掛けた巧妙な罠なんだよ。

このことは、なかなか受け入れてもらえないとは思うけど……、結論から話そう。

おまえは、実はもうすでに、とてつもなく幸せなんだ。なぜなら、「幸せ」はおまえとかけ離れた別な何かではなく、おまえの存在自体が「幸せ」そのものだからね。

ただ、それを自覚すること・思い出すことを、エージェントの巧妙な手口によって妨害されているんだ。その妨害の一つが、「幸せになるためには、何かをしなければならない」という洗脳だ。

「幸せになるためには、幸せになるための〝原因〟が必要だ。その原因を的確にとらえないかぎり、おまえは幸せを手にすることはできない……」という、この巧妙な観念を埋め込まれたことによって、人類は長年にわたり「幸せは、自分とは別に存在する特別なモノ」という誤った価値観をもって生きるようになってしまった。

自分自身が「幸せ（という存在）」であるにもかかわらず、「幸せ（という価値や状況）」は、自分がいまだ手にしていない何かだと思い込まされてしまっているんだ。

エージェントはつねに、おまえにこう語りかけている。

「夢が叶《かな》えば、君は幸せになれるよ」

これは、裏返せば、「夢が叶わないかぎり、君は幸せになれないよ」という刷り込みだ。

でも、これは嘘でね。

実は、夢が叶わなくても、幸せでいることができる。何もしなくても、幸せでいることができる。

「マジ!?」

マジ。なぜなら、本当は『状況と幸せは無関係』だからだ。

しかし、人類はエージェントが仕掛けたこの洗脳にすっかり取り込まれ、「幸せにはそれ相応の因果が必要」という誤った認識を抱え「願望実現」という果てなき旅に出ることになったんだ。

夢を叶えるために、あるときは根性・努力、あるときは神頼み、あるときは占い、あるときはお祓《はら》い、あるときは苦行、あるときは先祖供養、あるときは思考のコントロール、あるときは感情のコントロール、あるときは退行催眠、あるときは幽体離脱、あるときはネガティブな観念の書き換え・クレンジング……。

そうやって幸せになるために試行錯誤を繰り返す。

でも、このロジックは『幸せは、新たに手に入れる必要のあるモノ』という、根源的な過ちの上に成り立っている罠でしかないんだ。

幸せは「新たに手に入れる必要のあるモノ」ではなく「すでに手にしているモノ」、いや、「おまえ自身」なんだよ。

男は、これ以上〝男になる〟ことはできない。何かをなす以前に、すでに男だからだ。

人間は、〝人間になる〟ことはできない。条件を満たす以前に、すでに人間だからだ。

それと同じように、幸せは、これ以上〝幸せになる〟ことはできない。何かをする以前に、すでに幸せだからだ。

だから、幸せになるための方法、「どうやったらそうなれるのか」「何をしたら、何をなせば幸せになれるのか」という方法論・メソッド探しに取り組んでも、決して答えには出会えない。

「いやいやいやいやいや！　そうは言うけど、現に僕はそこまで幸せじゃないって！」

おまえが幸せを感じられないのは、ただ、自分が幸せであることを認めていないだけだ。幸せから、目を背けているだけだ。ほら、自分が幸せであることを、素直に認めてごらん。

「自分が幸せであることを、素直に認める……。むむむむ……」

どうだ？　幸せを認めようとすると、「どんなことを言われようとも、僕は幸せなんかじゃない！」と、思考に潜むエージェントが、しつこく洗脳を繰り返していないか？

「自分がいかに幸せじゃないか」という理由を探し出し、自分の不幸を継続させようと、必死になる自分（自我）を感じないか？

「うん……。たしかに、いるね。自分が幸せでない理由を探す自分が……」

まさにそれが「エージェント（自我）」なんだよ。

『本当は、状況と幸せには関連がない』

これに気づくことができたら、おまえの人生観は根底から覆る。

おまえは、ずっと、自分が幸せであることを、自分で認めてあげていなかったんだ。

エージェントの洗脳に取り込まれ、自分は幸せを感じる資格がない、幸福を選択してはいけないと思い込んでいたんだよ。人間を不幸に縛りつけておくことが、エージェントの存在理由だからね。

幸せは、どこかの選ばれし者だけに訪れる特別なもの。

幸せは、たくさんの努力を通してしか得られない特別なもの。

そういうものだと、心から信じ込まされていたんだ。

日々頭の中に流れるのは、エージェントの洗脳ばかり。

「夢が叶えば、君は幸せになれるよ。さぁ、だから頑張るんだ。条件が満たされないかぎり、君に幸せはない」

そうやって長い間、幸せになるための「条件」を探しつづけていたんだ。

でも、どこを探してもその「条件」は見つからない。おまえの目の前にあるのは、いつだって「夢（願望）がなかなか叶わない苦しみ」と「手に入れても、いつの間にか失ってしまう、つかの間の快楽」。頭の中に繰り返されるのは「幸せになれない理由」だけだ。


お金がないから。

頭が悪いから。

体力がないから。

才能がないから。

努力が足りないから。
運がないから。
計画性がないから。
感謝が足りないから。
愛がないから。
性格が悪いから。
誰も認めてくれないから。
ずっと不景気だから。
よいことをしてないから。
悪さばかりしているから。
エロいことばっかり考えているから。
世界には、僕よりも恵まれない人がたくさんいるから。
何の努力もなしに幸せになったら、そのうちしっぺ返しが来るかもしれない。だから僕には、幸せになる資格がない。幸せになっちゃいけないんだ。

夢を叶えちゃいけないんだ。

そうやって、神様が目の前に用意してくれている幸せを、すべて「受け取り拒否」しつづけているんだ。


でもね、神様はきっとこう言うよ。


お金がなくたって、幸せになっちゃってもいいんじゃない？

頭が悪くたって、幸せになっちゃってもいいんじゃない？

体力がなくたって、幸せになっちゃってもいいんじゃない？

才能がなくたって、幸せになっちゃってもいいんじゃない？

努力が足りなくたって、幸せになっちゃってもいいんじゃない？

運がなくたって、幸せになっちゃってもいいんじゃない？

計画性がなくたって、幸せになっちゃってもいいんじゃない？

感謝が足りなくたって、幸せになっちゃってもいいんじゃない?

愛がなくたって、幸せになっちゃってもいいんじゃない?

性格が悪くたって、幸せになっちゃってもいいんじゃない?

誰も認めてくれなくたって、幸せになっちゃってもいいんじゃない?

ずっと不景気でも、幸せになっちゃってもいいんじゃない?

よいことをしてなくたって、幸せになっちゃってもいいんじゃない?

悪さばかりしていたって、幸せになっちゃってもいいんじゃない?

エロいことばっかり考えていたって、幸せになっちゃってもいいんじゃない?

君よりも恵まれない人がたくさんいても、君が幸せになっちゃってもいいんじゃない?

……大丈夫だよ、しっぺ返しなんてしないから(笑)。

だって僕、神様だもん。君のこと、愛しているんだもん。なんだって君のことといじめなきゃならないのさ。

「おまえには幸せになる資格なんてない!」だなんて、そんなふうに言うのは、いつだってエージェントだけだよ。

ほら! いますぐ幸せになっていいんだよ! 人生を楽しんじゃっていいんだよ!

君がいままで思い描いていたのは、「幸せになれない理由」なんかじゃない。「幸せにならない理由」なんだ。

君が自分を許し、受け取ってくれる意思をもってくれるなら、僕は君の想像をはるかに超えたプレゼントを用意するよ。でも、もちろん君がイヤだと言うなら無理やり押しつけたりはしないよ。

どうする? 僕のことを信じてみるかい?

それとも、まだエージェントの監視下で生きていくかい?

……ってね。

「うう……。なんか涙が出てきた……。でも……」

でも？

「何もしなくていいと言われても、やっぱりどこか不安になるよ。本当にその言葉を信じて、何もしなくていいのかなって。何もしなくなったら、ただ堕落しちゃうんじゃないかって……」

なるほど。それはやっぱり「何もしない」という言葉の意味が通じていない証拠だね。私が話しているのは、「行動を起こすな」「堕落せよ」ということじゃない。別な意味での「何もするな」なんだ。

「その言葉、どうとらえたらいい？」

う〜ん。そうだね。「何者かになろうとするな」ってところかな。ヒーローにも聖者にもならなくていい。自分が自分であることを、徹底的に認めてあげられることが、「何もしない」ってことなんだよ。

エージェントはね、日々おまえの耳元で「おまえは、おまえのままじゃダメなんだ。もっと、いまとは違う自分にならなきゃ、幸せにはなれないぞ。認めてもらえないぞ。愛してもらえないぞ」って囁《ささや》きつづけている。

おまえはその囁きをすっかり真に受けて、一生懸命「違う自分」になろうとしているんだよ。

「何もするな」ってのは、「違う自分になろうとするな」ってこと。「そのまま、いまの自分であれ」という意味だ。

「ふむふむ」

本当はね「そのままの自分」に、「いい」も「悪い」もないんだよ。ただ、そういう人なんだ。

「いい」「悪い」ってのは、それを見た側の「主観・評価」だよ。

その「主観・評価」によってあらわにされるのは、「真実」でも「評価される側の人間性」でもない。「評価する側の人間性」なんだ。

でも、そのことに気づいていない人は、自分に対する「人からの評価」を気にしてしまったりする。「そのままの自分で受け入れてもらえる自信がない」と、こうなってしまうんだ。

「自分に自信がないという気持ちは、自分が抱える『劣等感』や『欠乏感』の表れですね」

そう。そして、その気持ちこそが、エージェント（自我）の仕掛けた洗脳によるものなんだ。

誰かと「比較」することによって生まれた「私は劣っている・何かが欠け

ている」だとか、「このままでは認めてもらえない・受け入れてもらえない」という不安がもととなり、人は「演技」をするようになる。

それは、自分本来の「個性（何の手も加えない、そのままの状態が一番の『個性』だよね）」を受け入れず、自分ではないモノになろうとする努力だ。

しかし、どんなに努力しても、そこに現れるのは偽りのアイデンティティ、「偽物の自分」だ。

偽物の自分を、偽物のままにしつづけようと努力させるのが、エージェント（エゴ）の正体。

だから、「受け入れてもらえる自分」を守るために、「きっとこういう人物・キャラクターなら受け入れてもらえるだろう」という自我の感覚（自分が培ってきた価値観）をもとに、日々演技に余念がない。誰かのまねをしたり、自分がもつ理想像を再現しようとしたり。

でもね、人はみな、どこかでは気づいているんだよ。「何かを演じることなく、そのままの自分でいるのが一番楽なんだよなぁ」って。

そして、その「楽さ」や「解放感」を得たときに気づくんだ。「あ、自分は〝無理〟をしている」と。

「僕はそうやって無理を続けてきたから、生きていくのがイヤになっちゃったんですね……」

「無理」という字は「理《ことわり》が無い」って書くだろ。つまり「不自然」なわけだよ。

「不自然」でありつづけることには、努力が必要だが、「自然」になるために努力は必要ない。なぜなら、「何もしなければ、元から自然」なんだから。

「演技」における努力の仕方やテクニック、ノウハウなどはたくさんあるが、「自分そのもの」には、努力もテクニックもノウハウも必要ない。ただ、演技をしない。それだけだ。

何者かになろうとする努力をやめれば、自然と素の自分になる。

「自然になろう」とする努力は必要ない。自分が無理している「不自然」な部分を自覚し、それを続けなければいいだけなんだ。

これはね、おまえがこれまで勉強してきた数々の本、宗教や精神世界やスピリチュアルで語られている『執着を手放す』というキーワードと同じだよ。「何かを握りしめつづける（執着する）」ということは、努力が必要な「行為」だ。

だが、「手放す」というのは、その「握りしめつづけることをやめる」ということだから「行為」ではない。「行為をやめること」が「手放す」なんだ。

大事なのは、「幸せになること」じゃない。「幸せであること」だ。

わかるか？　「幸せになりたい」という思いは、「現状を受け入れたくない」という思いの裏返しなんだ。これは、唯一の現実《リアル》である「いま」に背を向ける行為なんだよ。

でも、本当の幸せは、その「いま」の中にしか存在しない。「過去」も「未来」も幻想《マトリックス》だからね。「いま」から目を背けている以上、幸せを見つけることはできない。「いま」を受け入れないかぎり、幸せを感じることはできない。

別な言い方をすれば、「いま」を拒否すれば拒否するほど、幸せから遠のいてしまうってことだ。

どんなに追い求めても、「未来」に幸せはない。「未来」そのものがないからだ。

「過去」や「未来」といった幻想《マトリックス》の中には、本当の幸せはない。そこにあるのは、「時間」という拘束に縛られた「つかの間の快楽（時間とともに不幸に裏返る、偽の幸福）」だけだ。

いいかい。おまえが幸せを見つけ出せるのは、いつだって、「いま」だけだよ。

エピローグ

僕の人生が狂い出したのは、いつのころからだろう……。

それほど裕福とはいえない家庭に長男として生まれた僕は、いつのころか、両親との距離を感じてしまっていました。

僕がまだ幼いころ、両親が共働きに出ている間、祖母のもとに預けられたことがあるのです。

いま思い返せば、僕を育てるため、二人とも必死で働いていたのだと思うのですが、人一倍甘えん坊だった僕には、そのことが非常に大きなわだかまりになっていました。

いまとなっては、どんなきっかけだったのかも思い出せませんが、ただうっすらと記憶に残っているのは、そのとき僕が、「両親から嫌われているのではないか」という大きな誤解を抱いてしまっていたということです。

「もしかしたら、僕に問題があるから、かまってもらえないのではないだろうか……。本当は忙しいからではなく、僕のことが嫌いだから、距離を置かれてしまっているのではないだろうか……。お願いです。お父さん、お母さん、僕のことを嫌わないでください……」

自分勝手に思い描いた劣等感と被害妄想は、日に日に大きくなり、いつしか僕は「いい子」を演じるようになりました。いい子でいれば、きっと嫌わないでいてくれる。いい子でいれば、きっと認めてもらえる……。そして、思いっきり甘えたいという本当の気持ちをぐっと抑えて、聞き分けのいい子を演じていたのです。

日々繰り返してきた演技が定着し、自分が演じていることすら忘れてしまったころには、少々屈折した人格になっていました。自分の中に生まれる衝動と、まわりの目を気にする自分との折り合いがつかなくなり、「表の顔」と「裏の顔」が混在するようになっていたのです。

人前では、お行儀も聞き分けもいい「いい子ちゃん」。でも、陰ではその反動で自暴自棄になり、反社会的、自虐的な行動を選択する「悪魔くん」。まるでジキルとハイドのような生活を送る中で、素の自分がどんな人間であるのかを、すっかり見失ってしまいました。

その傾向は社会に出、結婚してからも続き、誰にも知られることなく、ただひたすらに壊れつづけ、地獄に転がり落ちる一方でした。

世界から、徐々に現実感が薄れ、意識は朦朧《もうろう》とし、ただただ惰性で生きる日々。自暴自棄になり、「もうどうでもいいや」と、すべてを投げ出す半面、目の前に生まれた受け入れがたい状況からは逃げ、責任転嫁をするばかり。

利己的な快楽ばかりを追い求め、自分の思いが伝わらないのは「受け取る側が悪いんだ」と理不尽な怒りをぶつけ、自分の考えに賛同できない人間は「アホだ、敵だ」と非難を続け、そのネガティブなエネルギーが「そのまま自分に返ってくる」という法則にも気づけず、いらぬ情報ばかりを追い求めては「自分」を見失い、ただただストレスを膨らませ、ギャンブルに走り、借金にまみれ、仕事という逃げ場をつくり、睡眠という現実逃避をし、ひたすら甘い物を貪《むさぼ》り、人との交流を避け、家族にあたり散らし、病的にやせている体を、さらにボロボロにしてきた自分。

「あなたの精神状態は本当におかしい。お願いですから、病院に行ってください」

そう訴える妻の言葉も無視しつづけていたある日、追い打ちをかけるように現れた記憶障害……。

そんなズタボロな状況の中、僕の携帯電話に、妻からの写メールが届きました。

そこに映し出されていた画像は、真っ青なラインを堂々と浮かび上がらせた妊娠検査薬。

「こんな俺に、子供が、できた……？」

ハッとしました。

「もう、すねてはいられないのかもしれない……。見失ってしまった自分を、取り戻さなきゃ……」

妻からの一通のメールが、心の奥底にかすかな明かりを灯《とも》してくれました。

そして、二〇〇四年四月某日。その日、僕は生まれて初めて心療内科の門を叩《たた》きました。

その後に起きたことは、この本にまとめたとおりです。

僕はある体験をしました。

その体験は、精神世界や宗教などにおいて、いろいろな呼ばれ方をしています。「気づき」「至高体験」「悟り」「アセンション」「預流果《よるか》」「究極体験」「無我」「覚醒《かくせい》」その他もろもろ……。

うん。やはり、言葉にすると、何とも仰々しい。どこか、「何を偉そうに」なんて思われかねない単語群ですよね。でも、どうかそういうふうにはとらないでください。その体験に出会ったからといって、決して偉いわけでも、すごいわけでもないんです。

そこに気づいていようがいまいが、自分の存在が、元からそうであることには、変わりがないんです。まして、このハプニング的に訪れる体験自体を、自分の意志でコントロールできるものでもありませんし。

ですが、その体験に出会うそのことによって、自分の住む世界、次元が変わってしまうこともまた事実なんです。

僕は、その体験を通じて、存在のからくりを知ることができました。「あの世」「この世」「天国」「地獄」、それらの言葉がもつ、本当の意味を垣間見ることができました。

苦しみが生まれる仕組み、また、その苦しみから解放される仕組みを知ることができました。

さまざまな精神世界や宗教で語られる「嘘《うそ》」と「本当」を、ある程度見分けられるようになりました。

みんながこのことに気づけば、一瞬にして平和な世界が誕生する、ということも知りました。

そこで、僕はこの体験を、ただ伝えるのではなく、できるだけたくさんの人に実際に経験してもらえる方法を模索しました。

この本のもととなったブログ「あの世に聞いた、この世の仕組み」は、まさにその一つです。

一人でも多くの人に、存在のからくりを、宇宙の仕組みを、本当の自分の姿を知ってもらいたい。

僕がめざしているのは、そういうことなんです。

ですが、やはりまだ「模索」の域から脱することはできていません。

それは、この体験自体が、学習によっても、修行によっても、意図的に遭遇できない代物だからです。

本当は、僕が何かをしたからといって、どうにかなるものではないのです。

ですから、僕が書いているブログは、それを承知のうえでの「悪あがき」みたいなモノです。心が軽くなるきっかけぐらいになれば万々歳です。

「同じ話の繰り返しばかりじゃないか」

「もっとわかりやすく説明できないのか」

「信憑性《しんぴょうせい》が感じられない」

「あなたの話はなぜいつも堂々めぐりになっているのか？」

「結局は、ただのきれいごとでしょ？」

みなさんに、そう言われてもしょうがないと思っています。

それでも、こう伝えたら気づいてもらえるんじゃないか、こう表現したら伝わるんじゃないかと、これからも、試行錯誤しつづけようと思っています。

もし、本書をごらんになられて、何か感じられるものがありましたら、ぜひブログのほうへも遊びにきてください。書籍化にあたり、どうにも掲載できなかった微妙なネタ、寒々しさを放つジョークの数々、ちっともためにならないムダ話なども、たくさん取りそろえてお待ちしております。

読者のみな様が、人生という大いなるアトラクションを、心から楽しまれることを願って！

＊　＊　＊

最後に、このようなつたないブログを書籍化する機会を与えてくださったサンマーク出版のみな様、アウルズ・エージェンシーの下野誠一郎さん、また、たくさんのご助言とご協力をくださいました「いまここ塾」の塾長・阿部敏郎さん、僕を産み育ててくれた両親、どんなときも僕を見守りつづけてくれた妻、生きる楽しさを教えてくれた娘、そして何より、「あの世に聞いた、この世の仕組み」を、日々応援してくださっている読者のみな様に、心より感謝いたします。ありがとうございました。

二〇一〇年二月

雲黒斎

文庫版あとがき

改めて本書の初版配本日を確認したところ、「2010年3月18日」と記されていました。

なんと、あれからもう10年も経ったのですね。

思い返せば本書の発売以前、僕が同名のブログを立ち上げた頃はちょうど、ブログコンテンツを書籍化するという流れの創世記。「出版不況」と呼ばれる時流の中で、出版業界が見つけた新しいコンテンツの一つが「ブログの書籍化」でした。僕も、そんな時代にお声がけを頂いた一人です。

会社員とはいえ、僕もクリエイターの端くれ。それゆえ、全くのド素人の拙い文章が、有名作家先生の作品と並んで書店に置かれるという状況に違和感を抱いていたものですから、書籍化のオファーを頂いてもお断りを続けるということを、数年続けていました。

また、当時はまだ会社員ということもあり、素性を隠しながら活動していました。あまり目立った活動はしたくなかったんです。だからこそ、出版にあたっては、本当に後ろ向きな姿勢でした。

「お誘いは嬉しいのですが、会社にバレたくないので。ブログという、僕の手の届く範囲で続けたいと思っています」。それが、当時書籍化のお誘いをお断りするときの、僕の常套文句でした。


そんな中、僕の気持ちに変化が現れたのは、ある人との出会いでした。

僕がいつもと変わらぬお断りの言葉を発しても、その方は引き下がることなく、平然と「じゃあ、会社辞めてください」と、そう言ったんです。ギョッとする僕を尻目に、話は続きました。

「君のメッセージはブログだけではなく、ちゃんと本にして世の中に広めるべきだ。経済的な心配はしなくていい。僕がこの本を必ずベストセラーにします。万が一売れなかった場合には、僕が君をうちの会社で雇う。だから、OKと言って欲しい」

それまでのお声がけは、正直、「素人の作品であれ、少しでも金になるなら」という商売っ気が見え隠れするお誘いで、全く乗り気になれなかったのですが、この方の情熱は違いました。

これまで何度もオファーをお断りしてきた僕ですが、この方の男気に惚れまして、「もう少しお話ししてみようかな」という気持ちになったのです。

で、話をきいてみたところ、この方、出版社ではないとのこと。

「なのに出版？　書籍化？　え、どういうことですか？」そう尋ねると、

「当社は、出版社ではなく、著作権エージェンシーです」とのこと。数々の国内外の著作を輸出入しているエージェントさんでした。

これまでのお仕事をお伺いしましたら、古くはシャーリー・マクレーンの『アウト・オン・ア・リム』、ジェームズ・レッドフィールドの『聖なる予言』、パウロ・コエーリョの『アルケミスト』や、大ベストセラーとなった

『グッドラック』や、ニール・ドナルド・ウォルシュの『神との対話』などなど、精神世界というジャンルで名著と名高い作品の数々に関わっておられました。

色々とお話を進めるうちに、この方とならビジネスを超えたお付き合いができるかもという気持ちになり、原稿を預けるに至ったのです。

人生に「もしも」はありませんが……、もしも、あの時、あのご縁がなかったら、今の僕はありません。

この約10年の間で、僕の活動フィールドもだいぶ変わってまいりましたが、それでも皆様からの変わらぬご支援・ご愛顧のおかげで、こうして文庫本としても出版されることになりました。

改めて、お声がけくださった下野誠一郎さん、サンマーク出版さん、読者の皆さん、ご縁をいただきました多くの皆様に御礼申し上げます。

また、この文庫を機に、新たなご縁を賜りましたあなたにも、感謝いたします。

せっかくの場所を取らない文庫化。是非とも、鞄の中や書棚のすみの方にでもお控えいただきまして、時折読み返していただけましたら幸いです。

令和元年　十一月のよき日に

雲黒斎

単行本　二〇一〇年三月　サンマーク出版刊

サンマーク文庫

あの世に聞いた、この世の仕組み

2020年2月10日　初版発行
2024年4月20日　第2刷発行

著者　雲 黒斎

発行人　黒川精一
発行所　株式会社サンマーク出版
東京都新宿区北新宿2-21-1
電話 03-5348-7800

フォーマットデザイン　重原 隆
本文DTP　山中 央
印刷・製本　株式会社暁印刷

落丁・乱丁本はお取り替えいたします。
定価はカバーに表示してあります。

ISBN978-4-7631-6117-8　C0130

ホームページ　https://www.sunmark.co.jp

サンマーク文庫

好評既刊

もっと あの世に聞いた、この世の仕組み

雲 黒斎

もっとディープに、もっと笑える。人生が楽しくなる！「一番わかりやすい」と評判の見えない世界の話。

800円

読むだけで「見えない世界」とつながる本

K

ヘビメタ好きロッカー著者と、守護霊くんが繰り広げるイラスト満載「見えない世界」の授業。

800円

「そ・わ・か」の法則

小林正観

「掃除」「笑い」「感謝」の3つで人生は変わる。「宇宙の法則」を研究しつづけてきた著者による実践方程式。

600円

「き・く・あ」の実践

小林正観

「き」＝〝競わない〟、「く」＝〝比べない〟、「あ」＝〝争わない〟。人生を喜びで満たす究極の宇宙の法則。

600円

なんでも仙人の夢をかなえる「とっておき」の方法

みやがわみちこ

不思議な仙人がゆる～い教えでどんな問題も解決！ スピリチュアルエンターテインメント小説。

700円

※価格はいずれも本体価格です。